Special

세상이 아무리 바쁘게 돌아가도
책까지 아무렇게나 빨리 만들 수는 없습니다.

길벗은 독자 여러분이
가장 쉽게, 가장 빨리 배울 수 있는 책을
한 권 한 권 정성을 다해 만들겠습니다.

독자의 1초를 아껴주는 정성을 만나보세요.

미리 책을 읽고 따라 해본 2만 베타테스터 여러분과
무따기 체험단, 길벗스쿨 엄마 2% 기획단,
시나공 평가단, 토익 배틀, 대학생 기자단까지!
믿을 수 있는 책을 함께 만들어주신
독자 여러분께 감사드립니다.

조야 님께 코칭 받고 상반기에 전자책 매출 5,000만 원 찍었습니다. 감사합니다! 전자책 부업을 준비하면서 첫 번째로 어려웠던 점은 '전자책 완성'입니다. 본업이 있기 때문에 전자책을 준비하면서 진도가 안 나가는 게 문제였거든요. 하지만 조야 님이 제시해주신 방법대로 목표를 달성해나가니 한 달 안에 작성을 끝낼 수 있었습니다. 두 번째로는 전자책을 완성하면 매출로 이어져야 하는데, 이때 제일 중요한 게 전자책 소개 글과 카피라이팅이더라고요. 혼자서 전자책 소개 글을 작성하여 오픈했을 때 그달 매출이 25만 원이었는데, 조야 님 코칭을 적용하고 바로 다음 달 매출이 500만 원을 넘어갔어요. 조야 님 덕분에 회사 월급보다 부수입이 많아져서 퇴사 준비도 할 수 있게 됐어요! 전자책 부업 망설이는 분들께 조야 님의 책을 추천합니다!

★ 안형준 님

전자책에 대해서 전혀 생각해본 적이 없었는데 책을 보고 '내 취미에 대해서도 전자책을 만들 수 있을까?'라는 고민이 한 방에 사라졌어요.

★ 익명의 서포터 님

실용적이고 완전히 실전에 도움 되는 내용입니다.
실전에서 효과 볼 수 있는 비법들과 다른 전자책의 판매 성공 사례까지 모두 도움이 되었습니다. 혼자서만 몰래 보고 싶은 책입니다.

★ 익명의 서포터 님

개인적으로 완전 만족합니다.
PDF 전자책 부업이 멀게만 느껴졌는데 책을 읽고 실제로 해볼 수 있게 됐어요! 어떤 식으로 주제를 잡고, 목차와 본문을 쓰고 실제로 판매까지 할 수 있는지 구체적인 방법들을 다 알려주셔서 한 번도 글을 써본 적 없는 상황에서 도움이 많이 됐습니다. 조야 님 덕에 생애 첫 전자책 펀딩도 준비 중입니다. 막연하게 생각만 하던 일을 실행하게 해주셔서 정말 감사드립니다.

★ 익명의 서포터 님

책을 3번 정독했습니다. 작년에 전자책을 내려다 결국 실패했습니다. 맨땅에 헤딩만 하다 보니 이번 생에 저와 전자책은 인연이 없거니 했는데, 책을 읽으며 당시 부족했던 부분과 앞으로 어떻게 해야 할지 감을 잡게 되었습니다. 200% 만족입니다. 조야 님 덕에 좋은 기회를 만난 것 같습니다. 정말 감사합니다.

★ 익명의 서포터 님

전자책 출판이라는 새로운 분야에 도전하게 해주신 조야 님 너무 감사합니다! 처음엔 너무 막연하고 생소하고, 그래도 뭔가 새로운 시도를 해보고 싶었는데 정말 왕초보인 저도 '잘 따라 하기만 하면 가능하겠다'라는 자신감이 생겼어요. A부터 Z까지 매우 자세한 설명과 적용법, 실제 사례까지 다 보여주셔서 동기부여도 되고 정말로 제가 뭔가를 생각해보고 써 내려가기 시작했습니다. 새로운 뭔가를 시작했다는 것만으로도 너무 설레고 즐거운 요즘입니다. 감사합니다.

★ 익명의 서포터 님

책에서 전달하는 내용 하나하나가 저의 지난날과 현재의 일상 루틴까지 모두 돌아보게 했습니다. 책 중에는 제목만 번지르르하고 막상 읽어보면 이렇다 할 내용이 없는 경우도 가끔 있는데, 조야 님의 책은 유용한 내용으로 가득했습니다. 자신의 경험과 배경지식을 바탕으로 체계적으로 글을 쓸 수 있다면 이보다 더 좋은 게 어디 있을까 싶습니다. 좋은 전자책으로 그에 합당한 수익을 올릴 수 있도록 노력할 생각입니다. 가이드를 주신 조야 님께 감사드리고 앞으로도 계속 배우고 싶습니다.

★ 익명의 서포터 님

제게 필요했던 건 아이디어와 실행력이었습니다. '나는 쓸 만한 내용이 없어. 나는 너무 무난한 사람이잖아' 하는 생각에 막막했는데요, 책에 있는 내용을 통해서 어떤 식으로 접근해야 할지 실질적인 도움을 많이 받았습니다. 제가 할 수 있는 것이 무엇인지 다시 곰곰이 생각해보는 계기가 됐습니다.

★ 익명의 서포터 님

하루 10분,

전자책으로 월급 벌기

방구석투잡러 조야_박현조 지음

길벗

하루 10분,
전자책으로 월급 벌기

Make Money with E-book

초판 발행 · 2023년 6월 30일

지은이 · 박현조
발행인 · 이종원
발행처 · (주)도서출판 길벗
출판사 등록일 · 1990년 12월 24일
주소 · 서울시 마포구 월드컵로 10길 56(서교동)
대표 전화 · 02)332-0931 | **팩스** · 02)322-0586
홈페이지 · www.gilbut.co.kr | **이메일** · gilbut@gilbut.co.kr

기획 및 책임 편집 · 박슬기(sul3560@gilbut.co.kr)
디자인 · 이도경 | **제작** · 이준호, 손일순, 이진혁, 김우식 | **영업마케팅** · 전선하, 차명환, 박민영
영업관리 · 김명자 | **독자지원** · 윤정아, 최희창

편집 진행 · 이정주 | **전산편집** · 김정미 | **CTP 출력 및 인쇄** · 교보피앤비 | **제본** · 경문제책

ISBN 979-11-407-0487-3 03000
(길벗 도서번호 007174)

가격 22,000원

독자의 1초를 아껴주는 정성 길벗출판사

길벗 | IT교육서, IT단행본, 경제경영서, 어학&실용서, 인문교양서, 자녀교육서 www.gilbut.co.kr
길벗스쿨 | 국어학습, 수학학습, 어린이교양, 주니어 어학학습, 학습단행본 www.gilbutschool.co.kr

페이스북 | www.facebook.com/gilbutzigy
네이버 포스트 | post.naver.com/gilbutzigy

Special Thanks to

현실은 갑갑한데
뭐부터 해야 할지 모르겠을 때
답답한 그 마음 누구보다 잘 알고 있습니다.

먼저 경험해봤기에,
당시 저에게 누군가 이런 걸 알려줬으면 좋지 않았을까
했던 부분들을 책에 모두 담았습니다.

이 책이 누군가의 인생에 전환점이 되었으면 합니다.

항상 응원해주시는 엄마 이주경 씨,
그리고 지금은 친구처럼 지내는
제 코칭을 받으신 분들, 클래스 수강생분들,
곁에서 좋은 에너지와 영감을 주셔서
항상 감사합니다.

2023.06.
방구석투잡러 조야, 박현조 드림

최저 시급에서 전자책으로 1년에 1억을 벌기까지

"현조 님은 연봉을 50만 원 더 올려드리겠습니다!"

"원래 이렇게 안 올려드려요. 남들한텐 비밀로 해주세요." 중소기업 2년 차, 연봉 협상 때 들었던 이야기입니다. 표정 관리를 할 수 없었습니다. 야근을 밥 먹듯 했지만 1년 치 성과에 대한 보상은 고작 50만 원. 한 달로 환산하면 대략 5만 원인 셈이었죠.

'내 가치가 고작 이것밖에 안 되는 걸까?'

이때를 계기로 결심했습니다. 회사에만 의존해선 안 되겠다, 새로운 수익 파이프라인을 만들어야겠다고요. 당시 모아뒀던 500만 원을 가지고 퇴사를 했습니다. 그리고 전자책을 해보기로 했습니다. 시작하는 데 돈도 안 들고, 한번 세팅해두면 꾸준하게 수익을 얻을 수 있었죠.

첫 전자책은 취미였던 '블로그'를 주제로 했습니다. 이미 전문가들의 책이 많았지만, 왕초보자 입장에서 누구보다 쉽게 알려줄 자신이 있었습니다. 2주 동안 하루 두 시간씩 투자해 전자책을 완성했습니다. 첫 달 매출은 고작 16만 원. 하지만 실망하지 않고 잘된 전자책을 수십 건 분석했고, 전자책 광고도 직접 적용해봤습니다. 그 결과 월 매출이 300만 원 이상으로 급상승했습니다. 여기서 끝이 아닙니다.

전자책 광고를 직접 해본 경험으로 '광고하는 법', '디자인하는 법'에 대한 전자책도 내게 됐습니다. 이렇게 경험이 쌓일수록 쓸 수 있는 전자책도 늘어났죠.

그 결과 전자책으로 1년에 1억을 벌게 됐습니다. 이제는 일을 하지 않아도 통장에 돈이 꽂힙니다.

전자책으로 월급 벌기, 누구나 가능한 이유

'이게 나만 되는 건가?'
제가 썼던 방법이 남들에게도 통할지 궁금해졌습니다. 그때부터 전자책 코칭을 시작했습니다. 코칭을 받은 분들은 '퍼스널 컬러로 맞춤 코디하기', '미니멀리즘 실천하기', '엄마표 영어', '여행 체크리스트' 등 다양한 주제로 모두 수익화에 성공했습니다. 게다가 전자책으로 2개월 만에 2500만 원 매출을 내신 분, 월급보다 더 벌게 된 분들의 사례도 나오게 됐죠. 그러면서 점점 확신하게 되었습니다. 누구에게나 통하는 전자책 성공 공식이 존재한다는 사실을요.

하지만, 대부분의 사람들은 3가지 이유로 전자책을 하지 않습니다.

[1] 저는 쓸 주제가 없어요

'돈'과 관련된 특정 주제만 잘 팔린다고 생각합니다. 제 코칭 결과로도 증명됐듯, 개인적인 취미도 전자책 주제가 될 수 있습니다. 실제로 전자책 판매 플랫폼을 살펴보면 취미, 여행, 뷰티, 다이어트, 육아 등 다양한 분야의 전자책들이 팔리고 있는 걸 확인할 수 있습니다.

[2] 저는 전문가가 아니라서요

책은 전문가만 쓰는 것이라는 인식이 있습니다. 하지만 초보자가 왕초보자를 대상으로 하는 시장도 분명 존재합니다. 사람들이 전문가의 이야기만 궁금해하는 건 아닙니다. 엄마 친구 아들이 어떻게 대기업에 들어갔는지, 옆 반 친구가 어떻게 2개월 만에 살을 10kg나 뺐는지 등 주변에 있을 법한 사람들의 이야기를 더 궁금해하기도 하죠. 어떤 분야든 처음 하는 사람에게 알려줄 정도만 돼도 전자책을 쓸 수 있습니다.

[3] 해도 안 팔릴 것 같아요

전자책을 만든다고 해서 다 팔리는 건 아닙니다. 자신이 알고 있는 지식과 정보를 잘 포장하고 다듬어야 하죠. 구체적인 방법은 앞으로 자세히 알려드릴 예정입니다. 누구나 적용할 수 있는 방법을 다 떠먹여드립니다.

전자책 하나로 수십억을 벌기는 현실적으로 어려울 수 있습니다. 하지만 전자책으로 월급 벌기는 가능합니다.

지난 3년간 실전에서 수없이 부딪히며 얻은 노하우를 가득 담았습니다. 이 책을 보기만 해도 이미 남들보다 3년 이상 앞서가게 되는 거죠.

글을 잘 못 써도, 뛰어난 경력이 없어도 됩니다. 옆집 아기 엄마, 옆 부서 이 대리도 남몰래 해내고 직장 월급보다 더 벌게 된 비밀들을 담았습니다.

전자책으로 월급 벌기, 왕초보자분들도 가능하도록 책에서 하나부터 열까지 다 알려드립니다. 책에 나오는 대로 따라 하기만 하면 됩니다.

여러분은 따라올 준비가 되었나요?

책 미리보기

전자책 전문가가
진짜 돈 버는 방법을
알려준다!

와디즈 전자책 분야 펀딩 누적 2억 달성, PDF 전자책으로 1년 만에 1억 이상 수익을 낸 전자책 전문가의 성공 전략과 경험담을 아낌없이 풀었습니다. 왕초보도 지금 당장 가능한 전자책 수익화 비법 A to Z를 공개합니다.

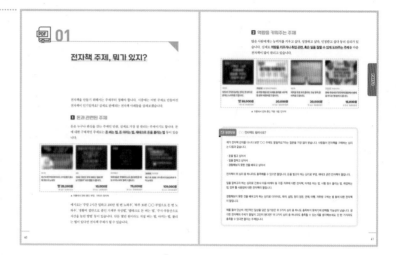

무작정 따라 하기만 해도
전자책이 완성된다!

전자책을 만들어보고 싶은 마음은 굴뚝같지만 어디서부터 어떻게 시작해야 할지 모르겠다고요? 해보겠다는 마음으로 무작정 따라 하다 보면 어느새 전자책 한 권이 뚝딱 완성됩니다.

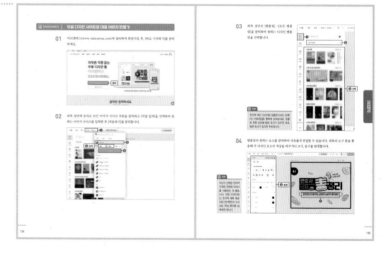

풍부한 사례로 감 잡고
전자책 제작 실전에
적용하기

책에서 설명하는 내용은 잘 알겠는데 이를 실전에 적용하기가 어려운 분들을 위해 전자책에 대한 영감을 얻을 수 있도록 풍부한 사례를 함께 담았습니다. 그중에서도 '생생! 리얼 스토리'에서는 전자책 클래스 1타 강사인 저자의 컨설팅을 간접 체험할 수 있습니다.

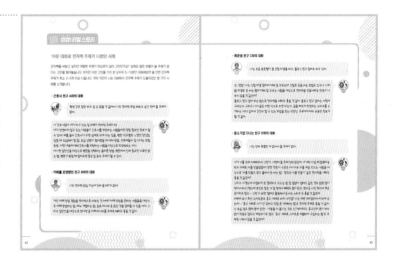

[특별부록]
전자책 컨설팅 성공 사례와
정말 궁금한 꿀팁만 모았다!

저자의 전자책 컨설팅 성공 사례를 모았습니다. 수강생 성공 인터뷰와 전자책 컨설팅 Before & After를 살피다 보면, 어떤 점을 보완해야 할지 한눈에 알 수 있어요. 또 꿀팁 대방출 부록에서 전자책을 준비하면서 생기는 궁금증을 바로 해결할 수 있습니다.

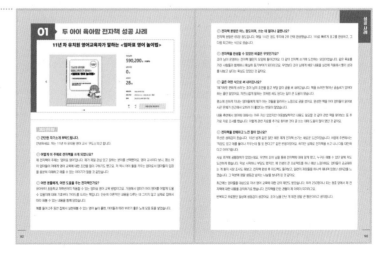

구매 독자 이벤트

방구석투잡러 조야가 독자분께 특별한 선물을 드립니다!

선착순 한정, 100% 당첨 이벤트

01 ## 특별 이벤트 선물 하나!

지금 바로 쓰는 전자책 템플릿 + 표지 디자인 4종

▶ 전자책 표지와 본문 양식이 모두 포함되어 있어요.
템플릿에 내용만 채워 넣으면 손쉽게 나만의 전자책이 완성됩니다.

02 ## 특별 이벤트 선물 둘!

전자책 샘플 20장(참고용)

▶ '참고할 만한 전자책이 없을까?'
1000권 넘게 팔린 조야의 전자책 샘플을 독자분께 아낌없이 무료로 드립니다.

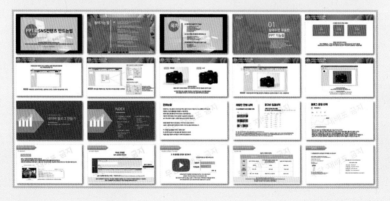

03 ## 특별 이벤트 선물 셋!

전자책 컨설팅 사례북

▶ '팔리지 않는 내 전자책, 무엇이 문제일까?'
20만 원 상당의 전자책 컨설팅 사례를 독자분께만 오픈합니다. 왕초보도 전자책으로 매달
월급만큼 벌게 되는 비밀을 알려드릴게요.

이벤트 참여 방법

카카오톡 채널 × 전자책치트키

❶ 도서를 구매한 온라인 서점 사이트에 도서 리뷰를 남겨주세요.

▲ 예스24 구매 리뷰 및 한줄평 예시

❷ 카카오톡을 실행하고 검색 창에 '전자책치트키'를 입력한 후 채널을 추가해주세요.

카카오톡 열기	검색 창에 '전자책치트키' 검색	채널 추가

◀ '전자책치트기' 채널 추가 바로가기

❸ 카카오톡 채널 친구 추가를 하면 안내되는 신청서에 도서 리뷰 캡처 이미지를 업로드해 주세요. 확인 후 이메일로 선물을 보내드립니다

* 자세한 내용은 카카오톡채널 안내에서 확인하실 수 있습니다.

방구석투잡러, 조야의 SNS를 방문해보세요

《전자책으로 월급 벌기》 독자라면, 저자가 직접 운영하는 SNS 채널에 방문해보세요.
전자책과 관련된 다양한 최신 소식과 정보를 얻을 수 있습니다.

유 튜 브 |
'방구석투잡러 조야' 채널
www.youtube.com/@joya_creator

인스타그램 |
@joya_creator
www.instagram.com/joya_creator

블 로 그 |
네이버 블로그 '방구석투잡러 조야'
blog.naver.com/guswh2678

목차

PART 2
따라 하면 끝! 2주 만에 전자책 끝장내기

01 왕초보자도 가능한 전자책 주제 뽑아내기

목차

PART 3

판매하기: 전자책으로 매달 월급 벌기 도전!

01 전자책, 어디에서 어떻게 팔릴까?

목차

특별부록1

조야's 전자책 컨설팅 사례 모음

특별부록 2

수익화를 위한 알짜배기 꿀팁 7

PART 1

전자책,
5년 안에 안 하면
후회한다!

전자책 시작하길 망설이고 계신가요?

블루오션인 전자책 시장, 지금이 기회인 이유를 알려드립니다.

이미 남몰래 시작해 돈 벌고 있는 사람들이 있습니다.

하지만 전자책을 만든다고 해서 다 팔리는 것은 아닙니다.

실제로 팔리는 전자책을 만들기 위해서는 어떤 과정이 필요한지에 대해서도

알아보도록 하겠습니다.

최저 시급에서
몸값 10배 만든 방법

PDF 파일 하나로 1억을 벌었다고?

PDF 파일 하나로 1억을 벌다

2021.01.25 11:43:05	
타행대량	입금 **17,922,352** 원
2021.02.10 15:01:31	
타행대량	입금 **10,623,266** 원
2022.05.19 12:44:31	
타행대량	입금 **17,455,415** 원
2022.06.14 15:03:51	
타행대량	입금 **11,636,944** 원

방구석투잡러 조야

★ 만족도 5.0 (202개)
🏅 누적 예수 2억원+
🎖 서포터 2,005명

▲ PDF 전자책 및 연계소득 매출 내역(2021~2022)

PDF 파일 하나로, 1억을 벌었다면 믿으시겠나요? 3년 전의 저는 월 180만 원 받던 직장인이었습니다. 하지만 PDF 전자책 부업을 시작하고 몸값이 무려 10배 가까이 올랐죠. 1년간 전자책 판매로 발생한 매출만 최소 2억 원 이상이고, 3년 전 만든 PDF 전자책 판매 수익이 지금도 월급처럼 따박따박 들어옵니다. 직장 다닐 때 하루 10시간 이상 일해야 겨우 벌 수 있었던 돈을 이제는 일하지 않고도 벌 수 있게 됐죠.

'내 시간과 노력을 갈아 넣어야 돈을 벌 수 있다'는 고정관념은 전자책을 시작하고 다 깨졌습니다. 전자책은 24시간 저를 대신해 일을 해주고 있습니다.

▲ 퇴사 후 업무 환경

덕분에 이제는 원하는 장소에서, 원하는 만큼 일합니다. 출퇴근 압박도 없어져서 스트레스를 받는 일도 거의 없습니다. 3년 전 전자책을 시작해 제 삶은 180도 바뀌게 되었습니다.

퇴사 후 내가 전자책을 시작한 이유

3년 전, 저는 최저 시급 받던 중소기업 직장인이었습니다. 하루 10시간 근무해도 통장에 찍히는 돈은 월 180만 원. 당시 월세와 생활비를 빼면 남는 돈도 없었죠.
야근하고 막차를 타고 귀가하던 날, 문득 이런 생각이 들었습니다. '이렇게 10년 더 일해서 월 100만 원 더 벌게 된다고 내 인생이 크게 달라질까?' 그럴 것 같진 않더라고요. 고민 끝에, 일을 하지 않아도 돈이 들어오는 시스템을 만들어야겠다고 결심했습니다. 결국 퇴사 후, PDF 전자책 부업을 시작하기로 했습니다.

PDF 전자책의 장점은 수익 자동화가 가능하다는 점입니다. PDF 전자책을 한번 만들어두면 팔릴 때마다 수익을 얻는 구조였죠. **일을 하지 않아도 24시간 자동수익이 가능했습니다.**

초기비용이 들지 않아 부담도 없습니다. PDF 전자책을 만드는 데에는 돈이 필요하지 않았습니다. 당시 퇴직금을 포함해 가진 돈은 딱 500만 원. 비용이 들어가는 일은 부담이 되었습니다. 500만 원을 6~7개월 생활비로 쓰고, 그 안에 결판을 내자 결심했죠.
큰 기대로 시작했지만, 첫 달 매출은 고작 16만 원. 실망스러운 결과였습니다. '블로그'를 주제로 전자책을 냈지만, 이미 비슷한 전자책이 많아 제 전자책은 잘 팔리지 않았죠. 잘 팔리는 다른 전자책 수십 건을 분석했고, 후발 주자임에도 강조할 수 있는 차별점을 찾아 제목, 목차, 전자책 소개 글에 반영했습니다. 시행착오 끝에 다음 달부터 매출이 300만 원대로 올랐습니다. 그리고 3년째 꾸준한 수익을 유지할 수 있게 되었죠.

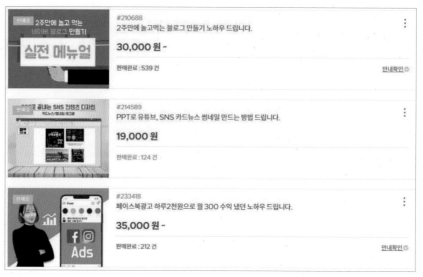

▲ 판매 중인 전자책 3권

첫 번째 전자책을 시작으로, 추가로 낸 전자책도 모두 성공시켰습니다. 세팅 한 번으로 3년째 꾸준한 부수입을 얻고 있죠. 물론 수익이 항상 일정하지는 않습니다. 하지만 이제는 직장 다닐 때처럼 하루 10시간 이상 일하지 않습니다. 저 대신 전자책이 24시간 일을 해주고 있죠. 게다가 꾸준히 월급 이상의 수익을 벌어다 주고 있습니다.

전자책 코칭으로 얻어낸 성과

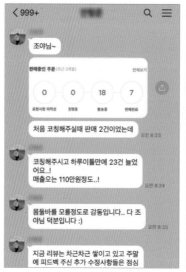

▲ 전자책 코칭 성과

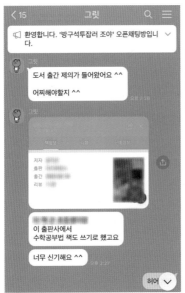

▲ 전자책 코칭 성과

'전자책, 그거 특별한 사람들만 되는 거 아냐?' 많은 분들이 이렇게 생각합니다. 실제로 저도 처음에는 '나만 되는 걸까?' 의심이 들기도 했죠. 그래서 전자책 코칭을 시작했습니다. 왕초보자분들을 대상으로 전자책 부업 A to Z 모든 과정을 도와드렸죠. 그 결과, 놀랍게도 코칭을 받은 많은 분이 수익 전환에 성공했습니다.

직장인, 주부, 프리랜서 모두 성과를 내셨습니다. 온라인상에서 수익화는 처음인 분들이었죠. '이게 진짜 될 줄 몰랐다', '꿈만 같던 일이 현실이 됐다'라는 반응이셨습니다. 전자책으로만 2개월 만에 2500만 원의 매출을 낸 분, 매월 꾸준한 부수입을 얻게 된 분, 기업 출강을 다니게 된 분, 인터넷 강의 촬영을 하게 된 분, 종이책 출간 제안을 받아 베스트셀러에 올라간 분도 계셨습니다.
코칭 사례가 쌓일수록 확신이 생겼습니다. **전자책에는 분명한 '성공 공식'이 있습니다. 누구든 팔리는 전자책을 만들 수 있습니다.** 구체적인 방법이 궁금하신가요? 누구든 따라만 하면 되는 전자책 성공 공식을 알려드리겠습니다.

전자책 시장이 블루오션인 이유

PDF 전자책, 지금 시작하기엔 늦은 것 같다고요? 전자책 시장은 블루오션입니다. 늦기 전에 지금 당장 시작해야 하는 이유를 알려드립니다.

갈수록 증가하는 재능마켓 거래량

지식과 재능을 거래하는 재능마켓 거래량이 갈수록 늘고 있습니다. 실제로 컨설팅 회사인 PwC에 따르면 2025년까지 세계 재능마켓 규모는 44조 원에 달하고, 국내시장 규모도 4조 원까지 커질 것으로 전망된다고 합니다. 코로나 팬데믹으로 비대면 업무 문화가 확산되면서 온라인 서비스에 대한 수요가 늘어남에 따라, 자신의 지식과 재능을 거래하는 재능마켓 플랫폼이 활성화된 것이죠. 원하는 지식과 정보를 PDF 파일 형태로 손쉽게 얻을 수 있는 '전자책'에 대한 수요도 늘어 전자책 거래량은 코로나 팬데믹 이후 약 5배 이상 증가했다고 합니다. 전자책은 재능마켓 내에서도 가장 빠르게 성장하는 카테고리로 자리 잡았습니다.

초보자가 왕초보자를 대상으로 하다

과거에는 재능 거래에 대한 수요가 외국어, 창업, 취업 등 전문 분야에만 집중되어 있었습니다. 하지만 최근 들어 재능마켓에 대한 수요가 늘고 진입장벽이 낮아짐에 따라 여러 가지 분야의 지식과 재능이 거래되기 시작했습니다. 이제는 연애, 다이어트, 육아, 일상생활 꿀팁 등 다양한 분야에서 본인이 가진 노하우를 거래하는 경우도 늘기 시작했죠. 초보자가 왕초보자를 대상으로 하는 재능 거래도 증가했습니다. 이제는 본인이 가진 지식과 정보를 판매하는 재능마켓도 누구든 활동할 수 있는 영역이 되었습니다.

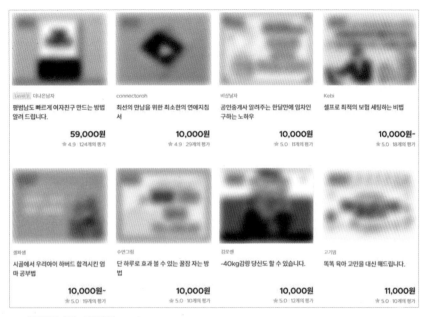

▲ 크몽에서 판매되는 전자책들

전자책 시장, 지금이 블루오션

전체 206,150,134	가격비교 13,595,592	네이버페이 99,005,619

▲ 네이버 쇼핑 '패션' 카테고리에 등록된 상품 수

전자책 시장, 레드오션이라 생각하나요? 너도나도 시작하는 쇼핑몰 부업에 비하면 전자책 제작을 시작하는 사람은 훨씬 적습니다. 실제로 네이버 쇼핑의 '패션' 카테고리 하나에만 등록되어 있는 상품 수만 무려 2억 개에 달합니다. 반면에 전자책 주요 판매처 중 하나인 크몽에 등록되어 있는 전자책의 수는 총 3000건 정도밖에 되지 않습니다. **늘어나는 전자책 수요에 비해 등록된 전자책 수는 터무니없이 적습니다. 전자책은 지금 시작해도 선점할 수 있습니다.**

03

전자책으로 제2의 인생을 살게 되다

불안정한 직장 생활에서의 돌파구

직장에만 의존할 수 없는 시대, 전자책이 돌파구가 될 수 있습니다. 딱 20장짜리 전자책 하나만 만들어보세요. 여러 기회가 자동으로 따라옵니다.

실제로 저는 3년 전 전자책을 시작한 이래로 일거리가 끊이지 않습니다. 강의, 코칭 요청이 끊임없이 들어옵니다. 원하던 출판사와 종이책도 출간하게 됐습니다. 직장 다닐 때보다 몸값이 10배 가까이 올랐습니다.

이 모든 일이 전자책으로 시작됐습니다. 전자책이 여러 일거리를 물어다 주기 때문이죠.

[받은메일함]	[조야 님] 강의 요청 차 연락 드린 팀장입니다.
[받은메일함]	강의/강연/VOD 제휴 제안건
[받은메일함]	블로그 관련 강의 요청의 건
[받은메일함]	2월 기획전 <봄을 기다리며> 펀딩 프로젝트 진행 제안 건.
[받은메일함]	백화점 문화센터] 조야강사님 안녕하세요^^ 1일 특강 요청 드립니다.
[받은메일함]	조야 작가님께 - 출판사 차장 드림
[받은메일함]	도서 <(가제) > 출간 문의
[받은메일함]	유튜브 채널 출연 문의드립니다:)

▲ 전자책 시작 후 받게 된 제휴 문의

재능마켓에 등록되어 있는 전자책을 보고 여러 업체에서 제휴 문의를 줍니다. 만족한 전자책 구매자들은 추가적인 강연, 컨설팅 서비스를 요청합니다. 제가 올려둔 전자책이 저 대신 영업을 해주고 있습니다.

저만의 이야기가 아닙니다. 책 뒷부분의 '특별부록'에 소개된 컨설팅 사례 모음을 살펴보세요. 전자책으로 다양한 기회를 얻어 직장 다닐 때보다 훨씬 더 벌게 된 분이 많습니다. 모두 처음에는 '저는 대단한 사람도 아닌데 될까요?', '특별한 경력도 없는데 될까요?' 했던 분들입니다.

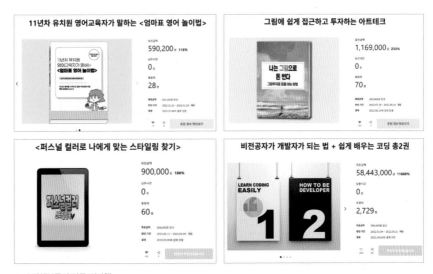

▲ 수강생분들이 만든 전자책

전자책으로 몇십억을 벌 수 있다 장담할 순 없습니다. 그러나 한 가지 **확실한 사실은 전자책을 시작하면 여러 기회가 따라온다는 점입니다.** 그리고 더 이상 회사에만 의존하지 않아도 된다는 자신감이 생깁니다. 이러한 경험을 해본 사람과 안 해본 사람의 차이는 굉장히 큽니다. 회사의 도움 없이 스스로 성취해본 경험은 여러분이 앞으로 어떤 일을 하든 큰 힘이 되어줄 겁니다.

전자책으로 얻을 수 있는
5가지 혜택

전자책 부업, 왜 시작해야 할까요? 전자책을 제작하여 얻을 수 있는 5가지 혜택에 관해 알아보도록 하겠습니다.

1 꾸준한 부수입

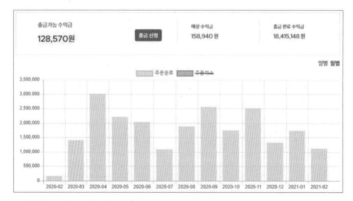

▲ 전자책 시작 후 수익금 내역

전자책은 한번 만들어두면 꾸준한 부수입을 얻을 수 있습니다. 실제로 저는 3년 전 만든 전자책으로 지금까지도 꼬박꼬박 수익을 얻고 있습니다. 집주인이 되어 월세를 50만 원 이상 받으려면 최소 1억은 투자해야 한다고 하죠. 전자책 하나만 잘 만들어도 비용 투자 없이 집주인 부럽지 않은 부수입이 가능합니다.

2 시간적 자유

전자책은 한번 만들기만 하면, 이후에는 시간을 할애할 일이 많지 않습니다. 대부분의 전자책 판매처에는 자동으로 전자책 파일이 발송되는 시스템이 구축되어 있습니다. 실물 상품을 직접 배송할 필요가 없죠. 전자책을 직접 발송하는 경우에도 메일 발송으로 10초면 끝납니다.

3 브랜딩 효과

'N잡러' 시대에 자신을 브랜딩하고 싶나요? 전자책 출판이 가장 쉬운 방법이 될 수 있습니다. 특정 주제로 전자책을 내는 것만으로도 전문가 이미지를 심어줄 수 있습니다. 재능마켓에 등록된 전자책 상품은 24시간 노출되는 무료 광고판 역할을 합니다.

4 전자책 외 추가 소득 창출

▲ 사업자 대상 강연 진행

전자책을 내면 주제와 관련된 강의, 코칭, 컨설팅 기회도 따라옵니다. 전자책이 본인의 포트폴리오가 되어주기 때문이죠. 실제로 저는 전자책을 내고 아무 경력 없이 기업·관공서 강의 제안까지 받게 됐습니다. 퇴사 후 3~4개월 만에 전자책 외 추가 소득으로 월 700만 원을 벌게 됐죠. 전자책으로 추가 소득 창출 기회까지 잡게 된다면? 기대 이상의 추가 소득이 들어오기도 합니다.

5 종이책 출간 기회

자신이 저자가 되어 낸 책이 서점에 진열되는 일, 꿈꿔본 적 있나요? 초보작가가 대형 출판사를 통해 종이책을 내는 일은 쉽지 않죠. 하지만 일단 전자책을 쓰게 되면, 종이책 출간에 대한 장벽이 낮아집니다. 전자책 판매 이력이 있다면 출판사 투고 시 출판사에서 긍정적으로 검토할 확률이 높아지죠. 실제로 제 수강생 중 한 분은 출판사로부터 연락을 받아 출간한 종이책이 베스트셀러로 등극하기도 했습니다.

PDF 전자책
한 번에 이해하기

PDF 전자책이란? 왜 사는 걸까?

PDF 전자책 부업이란?

PDF 전자책 부업이란 자신이 가진 지식과 정보를 PDF 파일로 만들어 판매하는 일입니다.
PDF 파일로 제작하는 이유는 수정 불가한 파일로 판매하기 위해서입니다.

어떤 지식, 정보든 전자책으로 만들 수 있습니다. 예를 들어 연애 잘하는 법, 살 빼는
법, 부업 정보, 눈 건조 관리하는 법, 육아하는 법, 집 정리하는 법, 자취방 구하는 법,
부산 현지 맛집 정보 등 전자책에서 다루는 정보는 실제로 매우 다양합니다.

사람들이 PDF 전자책을 구매하는 이유

사람들은 왜 전자책을 구매할까요? 정보를 찾는 데 필요한 시간과 노력을 아낄 수 있
기 때문입니다. 많은 분이 "요즘은 인터넷 검색하면 웬만한 정보 다 나오는데, 전자책
을 구매할 이유가 있나요?"라고 묻습니다. 네, 실제로 요즘은 많은 정보가 인터넷상에
오픈되어 있습니다. 하지만 너무 많은 정보가 흩어져 있다는 점이 문제입니다. 흩어져
있는 정보 중 내게 딱 맞는 정보를 찾기란 생각보다 쉽지 않습니다.

예를 들어 아이 영어 교육에 대한 정보를 찾고자 할 때 학원 정보, 영어 교재, 엄마표
영어 등 다양한 정보 중 뭐부터 알아봐야 할까요? 유튜브, 맘카페, 지식iN 등 어디서부
터 검색해야 할까요? 이럴 때 **필요한 정보가 전자책 한 권에 보기 좋게 정리되어 있다면?
구매하지 않을 이유가 없습니다.** 전자책을 구매함으로써 정보를 찾는 데 걸리는 시간과
노력을 아낄 수가 있는 거죠.

02

전자책, 딱 20장만 만들어도 팔린다고?

전자책의 적정 분량은?

종이책의 평균 분량이 A4 용지 기준 200장 내외라고 합니다. 하지만 PDF 전자책은 정해진 분량이 따로 없습니다. 딱 20장만 써도 됩니다. 그래서 초보자도 부담 없이 시작할 수 있습니다.

딱 20장만 써도 되는 이유

두꺼운 종이책을 읽을 때, 책 한 권의 내용을 모두 기억하시나요? 분량이 많아도 정작 자신에게 필요한 내용은 몇 장 안 될 수 있습니다. 오히려 분량이 많으면 필요한 정보를 추리는 데에 시간과 노력이 들게 되죠. 전자책 분량이 딱 20장뿐이어도 필요한 정보만 들어 있다면? 오히려 핵심 내용이 압축되어 있어 사람들이 만족할 수 있습니다. 분량이 적어도 충분히 구매할 가치가 있다는 것이죠.

실제로, 20장짜리 전자책으로 단 2개월 만에 2500만 원 매출을 낸 사례가 있습니다. 취미로 주식을 하던 분이 제 코칭을 받고 주식 노하우를 전자책으로 만들었습니다. 실제 본인만의 노하우를 20장에 잘 압축해 담았고, 2개월 만에 무려 2500만 원어치가 팔렸습니다. 전자책 가격은 9만 원대로 다소 높았지만 후기도 좋았습니다. 결국 전자책은 분량이 아니라 안에 담긴 내용이 중요하다는 것이죠.

많은 분이 전자책을 쓰기 전부터 분량을 걱정합니다. 하지만 전자책은 분량이 중요하지 않습니다. **핵심 내용만 담는다면 20장만 써도 전혀 문제가 없습니다.**

03

팔리는 전자책을 만드는 3단계

전자책을 만든다고 하면 보통 떠오르는 주제로 글을 쓴 뒤, 곧바로 판매를 시작합니다. 하지만 이러한 방식으로는 전자책을 만들어도 수익을 내기가 어렵습니다. 팔리는 전자책을 만드는 과정은 따로 있습니다.

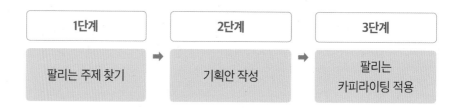

1단계: 팔리는 주제 찾기

전자책 주제를 정할 때 떠오르는 아무 주제나 선택하면 안 됩니다. 처음부터 팔리는 주제를 정해야 합니다. 즉, **'수요 법칙'에 따라 수요가 많은 주제를 선택해야 잘 팔릴 확률이 높아집니다.**

예를 들어, '대기업·공기업 취업하는 법'과 '워터소믈리에 되는 법'이라는 두 가지 주제가 있다면? '워터소믈리에'라는 생소한 직업보다는 대다수가 관심을 가지는 '대기업·공기업 취업하는 법'에 대한 전자책이 더 잘 팔리겠죠. 전자책 주제에 대한 여러 가지 아이디어를 나열해보고, 가장 수요가 많은 주제를 골라야 합니다. 그래야 판매도 잘될 수 있습니다.

2단계: 기획안 작성

아무런 방향성 없이 내용만 써 내려간다면? 시중에 나와 있는 비슷한 전자책들과 별다른 차별점이 없어집니다. 차별점이 없다면 후발 주자로 나온 전자책은 잘 팔리기 어렵죠. 그렇기 때문에 전자책을 쓰기 전부터 무엇을 다른 전자책과의 차별점으로 삼을 수 있을지 전략을 설정해야 합니다. **기획안을 작성하는 과정을 통해 전자책의 방향성이 명확해지고 차별화 전략을 구체화할 수 있습니다.**

3단계: 팔리는 카피라이팅 적용

종이책은 서점에서 미리 책의 내용을 확인해보고 구매할 수 있습니다. 하지만 전자책은 내용을 미리 살펴보고 구매할 수 있는 상품이 아닙니다. 그렇기에 **사람들이 구매 전 살펴보는 전자책 제목, 목차, 상세페이지 소개 글을 공들여 작성해야 합니다.** 곧바로 구매 버튼을 누를 만큼 매력적인 카피라이팅을 적용하는 것이 중요합니다.

위에서 소개한 세 단계를 거치면 누구든 팔리는 전자책을 만들 수 있습니다. 실제로 저는 전자책만으로 누적 2억 원의 매출을 냈습니다. 그리고 제 전자책 클래스 수강생분들이 증명합니다. 이미 전자책으로 매월 월급 이상의 수익을 얻는 분들도 계십니다. 검증된 방법이니 믿고 따라오시면 됩니다! 이제부터 돈 되는 전자책 만드는 방법을 알려드리겠습니다.

PART 2

따라 하면 끝!
2주 만에
전자책 끝장내기

전자책 쓰기, 너무 어렵게만 느껴지나요?
글을 처음 써봐도, 뛰어난 능력이 없어도 됩니다.
일기만 쓸 줄 알면 누구나 시작할 수 있습니다.
전자책 주제는 어떻게 잡고, 글은 어떻게 쓰면 되는지
누구든 2주 만에 전자책을 완성하는 방법에 대해 알아보겠습니다.

왕초보자도 가능한
전자책 주제 뽑아내기

전자책 주제, 뭐가 있지?

전자책을 만들기 위해서는 주제부터 정해야 합니다. 시중에는 어떤 주제로 만들어진 전자책이 인기일까요? 실제로 판매되는 전자책 사례들을 살펴보겠습니다.

1️⃣ 돈과 관련된 주제

돈은 누구나 관심을 갖는 주제인 만큼, 실제로 가장 잘 팔리는 주제이기도 합니다. 돈에 대한 구체적인 주제로는 **돈 버는 법, 돈 아끼는 법, 재테크로 돈을 불리는 법** 등이 있습니다.

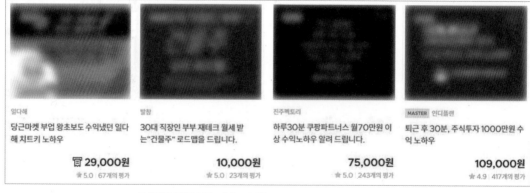

▲ 크몽에서 판매 중인 부업 · 재테크 전자책

예시로는 '주말 2시간 일하고 200만 원 번 노하우', '하루 30분 ○○ 부업으로 돈 번 노하우', '생활비 절반으로 줄인 가계부 작성법', '앱테크로 돈 버는 법', '주식·부동산으로 자산을 늘린 방법' 등이 있습니다. 단돈 몇만 원이라도 직접 버는 법, 아끼는 법, 불리는 법이 있다면 전자책 주제가 될 수 있습니다.

2 역량을 키워주는 주제

많은 사람에게는 능력치를 키우고 싶다, 성장하고 싶다, 인정받고 싶다 등의 심리가 있습니다. 실제로 **역량을 키우거나 취업 관련, 혹은 일을 잘할 수 있게 도와주는 주제**를 다룬 전자책이 많이 팔리고 있습니다.

포리얼
유튜브 구독자 늘리는 원리, 한 권으로 끝내는 노하우를 드립니다.

☁ **39,000원**
★ 4.9 · 29개의 평가

MASTER 공기업사무직길잡이
공기업 취업기간 6개월 줄여줄 사무직용 공부 비법서를 드립니다.

20,000원
★ 5.0 · 380개의 평가

하공이
이직을 위한 포트폴리오 구성 전략 전자책을 드립니다.

20,000원
★ 4.9 · 48개의 평가

Level 2 마인드카소
캔바 무료버전 똑똑하게 활용해서 썸네일 만드는 법 알려 드립니다.

15,000원
★ 5.0 · 81개의 평가

▲ 크몽에서 판매 중인 역량 개발 전자책

📖 **잠깐만요** ○○ 전자책도 팔리나요?

제가 전자책 강의를 다니다 보면 '○○ 주제도 팔릴까요?'라는 질문을 가장 많이 받습니다. 사람들이 전자책을 구매하는 심리는 다음과 같습니다.

• 돈을 벌고 싶어서
• 일을 잘하고 싶어서
• 경험해보지 못한 것을 배우고 싶어서

전자책이 위 심리 중 하나라도 충족해줄 수 있으면 팔립니다. 돈을 벌고자 하는 심리로 부업, 재테크 관련 전자책이 팔립니다.

일을 잘하고자 하는 심리로 간호사·미용·마케터 등 각종 직무에 대한 전자책, 자격증 따는 법, 시험 점수 올리는 법, 취업하는 법, 업무 툴 사용법에 대한 전자책이 팔립니다.

경험해보지 못한 것을 배우고자 하는 심리로 다이어트, 육아, 살림, 정리 정돈, 연애, 여행, 자취방 구하는 법 등에 대한 전자책이 팔립니다.

예를 들어 단순히 개인적인 일상을 담은 일기장은 위 3가지 심리 중 하나도 충족하지 못하기에 판매될 가능성이 낮습니다. 생각한 전자책의 주제가 팔릴지 고민이 된다면? 위 3가지 심리 중 하나라도 충족할 수 있는지를 생각해보세요. 단 한 가지라도 충족할 수 있다면 팔리는 주제입니다.

예시로는 '대기업·공기업 취업하는 법', '자소서·면접 합격 노하우', 'PPT·엑셀 다루는 법', '자격증 따는 법', '유튜브·인스타그램 하는 법', '말 잘하는 법', '발표 잘하는 법', '간호사 되는 법', '미용하는 법' 등 다양합니다.

❸ 먼저 경험한 것을 알려주는 주제

저자가 먼저 해본 경험에 대해 알려주는 주제입니다. **사람들은 자신이 아직 겪어보지 못한 것을 배우고 싶어 합니다.** 연애 경험이 별로 없어 연애 전자책을 구매하거나, 다이어트 성공 경험이 없어 다이어트 노하우에 대한 전자책을 구매하는 식입니다.

▲ 크몽에서 판매 중인 경험을 알려주는 전자책

예시로는 '소개팅 성공하는 법', '살 빼는 법', '눈 건조 관리법', '연애편지 쓰는 법', '육아하는 법', '아이 교육하는 법', '해외여행 가이드', '정리 정돈 잘하는 법' 등이 있습니다. 사소하더라도 자신이 남들보다 먼저 경험했다면 전자책 주제가 될 수 있는 거죠.

지금까지 실제로 어떤 전자책 주제들이 팔리고 있는지 알아봤습니다. 다음 장부터 전자책 주제를 찾아내는 방법을 알아보도록 하겠습니다.

📖 **잠깐만요** **전자책 주제 사례 더 살펴보기**

각 전자책 판매처에서 실제로 어떤 전자책들이 판매 중인지 살펴보면 주제에 대한 감을 잡는 데 도움이 됩니다.
- 크몽 '전자책' 카테고리: kmong.com/knowhow
- 탈잉 접속 후 '전자책' 키워드 검색: taling.me
- 텀블벅 '출판' 카테고리: tumblbug.com/discover?category=publication
- 와디즈 '출판' 카테고리: www.wadiz.kr/web/wreward/category/293?order=recommend
- 클래스101 스토어 '전자책' 카테고리: class101.net/store

02

누구나 가능한!
주제 아이디어 도출법

전자책 주제 잡기가 막막하신가요? 우선 본인이 써볼 수 있는 전자책 주제를 여러 개 나열해봐야 합니다. 전자책 주제에 대한 아이디어를 얻을 수 있는 방법은 3가지가 있습니다.

- 내가 잘하는 것 알기
- 내가 좋아하는 것 알기
- 내가 배우고 싶은 것 알기

자신이 '잘하는 것', '좋아하는 것', '배우고 싶은 것'을 토대로 아이디어를 얻을 수 있습니다. 관심 있는 주제여야 글도 써 내려갈 수 있기 때문이죠. 다음의 질문에 답해보는 것만으로도 전자책 주제에 대한 여러 아이디어를 얻을 수 있을 겁니다.

1 '잘하는 것' 질문하기

- 남에게 칭찬받은 경험이 있다면 무엇 때문이었나요?
- 사람들이 자신에게 자주 물어보는 질문의 주제는?
- 직장 또는 알바에서 어떤 일을 했던 경험이 있나요?
- 특정 방법으로 원하는 걸 얻었던 경험이 있나요?

전자책 주제는 '잘하는 것'을 토대로 뽑아낼 수 있습니다. 자신이 잘하는 것을 알기 위해서는 **평소에 어떤 일로 칭찬을 받는지, 그리고 사람들이 자신에게 자주 물어보는 질문의**

주제는 무엇인지 생각해볼 필요가 있습니다. 여기서 중요한 것은 사소한 질문이나 칭찬도 상관이 없다는 점입니다.

> **예시**
>
> • 사진 잘 찍는다는 칭찬을 듣는다면?
>   ➡ 사진 잘 찍는 법
>
> • 피부 좋다는 칭찬을 많이 받는다면?
>   ➡ 피부 관리법
>
> • 집 반찬 잘 만든다는 칭찬을 듣는다면?
>   ➡ 집 반찬 맛있게 만드는 법
>
> • 주변 지인들이 연인과 싸웠을 때 자신에게 자주 조언을 구한다면?
>   ➡ 연인과 싸웠을 때 화해하는 법
>
> • 이직을 어떻게 했는지 질문받는다면?
>   ➡ 이직 노하우
>
> • 중소기업 어떻게 골라서 갔는지 질문받는다면?
>   ➡ 중소기업 잘 고르는 법

그동안 했던 업무들도 전자책 주제가 될 수 있습니다. 회계, 보험, 개발, 디자인, 마케팅, 미용 등 업무에 대한 전자책을 낼 수 있습니다.

또한 특정 방법으로 원하는 걸 얻었던 경험이 있는지에 대해 고민해보면 자신이 잘하는 것을 찾을 수 있습니다.

> **예시**
>
> • 신혼부부 혜택으로 집을 저렴하게 구매한 경험이 있다면?
>   ➡ 신혼부부 혜택 받고 저렴하게 집 장만하는 법
>
> • 다이어트에 성공했다면?
>   ➡ 요요 없이 다이어트 성공하는 법
>
> • 대학생인데 자취방을 잘 구했다면?
>   ➡ 자취방 구하는 꿀팁

2 '좋아하는 것' 질문하기

- 쉬는 날 또는 주말에 주로 어떤 활동을 하나요?
- 어떤 경험을 했을 때 설레거나 행복한가요?

전자책 주제는 '좋아하는 것'을 토대로도 뽑아낼 수 있습니다. 좋아하는 것을 찾기 위해서는 **평소 쉬는 날이나 주말에 어떤 활동을 하는지, 어떤 일을 할 때 설레고 행복한지**에 대해 생각해보면 됩니다.

예시

- 집 꾸미기를 즐기는 사람은?
  ➡ 인테리어 하는 법
- 취미로 음악을 만들고 있다면?
  ➡ 나만의 음악 만드는 법
- 강아지랑 노는 게 너무 즐겁다면?
  ➡ 애견인 가이드, 강아지 잘 키우는 법
- 요리하는 걸 좋아한다면?
  ➡ 집밥 가이드북

3 '배우고 싶은 것' 질문하기

- 내가 지금 가장 필요로 하는 역량은 무엇인가요?
- 어떤 일을 잘하는 사람이 부럽다면, 그게 어떤 일인가요?

전자책 주제는 '배우고 싶은 것'을 토대로도 뽑아낼 수 있습니다. 실제로 배워서 실력을 끌어올리고 난 뒤 전자책 주제로 활용하는 것이죠. 이를 위해서는 **어떤 역량을 키우고 싶은지** 생각해봐야 합니다. 글 쓰는 능력, 블로그를 잘하는 능력, 엑셀·파워포인트를 다루는 능력 등 분야는 다양합니다.

여기서 중요한 것은, 굳이 전문가 수준까지 잘할 필요는 없다는 점입니다. 초보자가 왕초보자에게 알려줄 정도면 됩니다. 처음 시작하는 사람에게 기본적인 가이드를 줄 수 있는 정도면 충분합니다.

실제로 저는 파워포인트를 딱 한 달 공부해 전자책을 낸 적이 있습니다. 전자책에서는 파워포인트의 기본 기능을 활용해 간단히 디자인하는 법을 알려주며, 애니메이션 활용이나 도표 제작 같은 고급 기능에 대해서는 다루지 않습니다. 그런데 이 전자책은 단기간에 100권이 넘게 팔렸습니다. 평점은 5점 만점에 4.9점으로, '파워포인트를 처음 하는 사람도 쉽게 디자인할 수 있도록 도와주는 책'이라는 평을 받았습니다.

▲ 파워포인트 전자책 사례

특정 분야를 처음 접하는 왕초보자 입장에서는 기초적인 가이드만으로도 충분히 도움이 될 수 있습니다. 여러분도 배우고 싶은 분야가 있다면 딱 한 달만 공부해보세요. 왕초보자에서 초보자까지만 실력을 올려도 전자책을 낼 수 있습니다.

03

전자책 주제 아이디어 100가지

관점을 달리하자

전자책 주제가 떠오르지 않는다면? 관점을 달리해보세요! **자신이 알고 있는 지식이 누군가에겐 완전히 새로운 정보가 될 수 있습니다.**

우리는 모두 한날한시에 태어나지 않았습니다. 그렇기에 똑같은 경험을 하며 살아가지 않습니다. 나의 경험이 누군가에게는 생소할 수 있죠. 나의 경험이 누군가에게는 배울 점이 될 수 있습니다.

만약 여러분이 직장인이라면? 자신이 일상적으로 하고 있는 '업무'에 대한 소개도 전자책 주제가 될 수 있습니다. 해당 업무를 해보고 싶어 하거나 관심을 가지는 사람 입장에서는 매우 궁금한 내용이거든요.

예를 들어 마케팅, 개발, 기획, 미용, 간호 업무, 인테리어, 카페 업무, 콘텐츠 제작 등 분야 상관없이 다양한 직무들이 전자책 주제가 될 수 있습니다. 전자책 내용으로는 해당 직무에 대한 소개, 실제로 하는 일, 해당 직무를 하기 위해서 필요한 준비, 실제로 버는 대략적인 금액, 직무의 장단점 등이 될 수 있습니다.

업무를 할 때 쓰는 간단한 기술들도 주제가 될 수 있죠. 예를 들어 PPT·엑셀·포토샵 사용법, 보고서 작성법, 제안서 작성법, 기획하는 과정, 브레인스토밍 방법 등도 주제가 될 수 있습니다.

만약 업무 관련 내용도 쓸 게 없다면? 취준생 입장에서는 취업을 했다는 사실 자체가 대단한 일입니다. 취준생 대상으로 자소서 작성법, 면접 합격법, 취업 노하우를 알려줄 수도 있습니다.

이 외에도 자신만의 직장 생활 경험을 살려 연봉 협상 노하우, 이직 노하우, 사회생활 잘하는 법 등도 가능합니다. 자신은 당연히 아는 내용이지만, 취준생이나 사회 초년생에게는 접하기 어려운 귀중한 정보가 될 수 있습니다.

혹시 주부이신가요? 주부 입장에서 평상시에 당연하게 해내는 요리, 정리 정돈 방법도 예비 부모와 사회 초년생 입장에서는 충분히 귀중한 정보가 될 수 있죠. 정리 정돈 잘하는 법, 요리 잘하는 법, 간단한 집밥 레시피, 육아하는 법, 아이 교육하는 법, 재테크하는 법, 가계부 작성법 등을 주제로 전자책을 만들어볼 수도 있습니다.

대학생이라면? 아직 대학생활에 익숙지 않은 신입생, 수험생을 대상으로 대학생활 가이드 전자책을 만들어볼 수 있습니다. 자취방 구하는 법, 과외 구했던 방법, 입시 노하우, 공모전 합격하는 법, 대외활동 하는 법, 자취 꿀팁 등 다양한 주제가 나올 수 있죠.

심지어 우리가 당연히 알고 있는 스마트폰 활용법도 50~70대 분들께는 배우고 싶은 정보가 될 수 있어요. 실제로 시니어 대상 스마트폰 기본 활용법 강의로 부수입을 얻는 대학생의 사례도 있습니다.

자신이 당연히 아는 것들이 누군가에게는 필요한 정보가 될 수 있다는 점을 꼭 인지해서 여러 아이디어를 떠올려보세요.

인터뷰로 전자책 만들기

▲ 인터뷰 전자책 사례

나에게서 주제를 찾아내기 어렵다면? 자료 조사만으로 전자책을 만드는 방법도 있습니다. 바로, 다른 사람을 인터뷰하여 얻은 소스들로 전자책을 쓰는 방법입니다.
예를 들어 '부업'을 주제로 전자책을 만든다면? 실제로 부업을 하고 있는 사람들을 인터뷰합니다. 부업에 대한 소개, 부업을 성공시킨 방법, 부업의 장단점 등에 대해 질문하고, 해당 내용을 엮어 'N가지 부업을 소개하는 전자책'을 만들어볼 수도 있겠죠.

혹은 '육아'를 주제로 한다면? 엄마들을 인터뷰하여 육아하는 일상, 육아에 대한 꿀팁 정보를 얻어 전자책을 만들어볼 수도 있습니다.

특정 '직무'를 주제로 한다면? 해당 직무를 수행하는 직업인들을 인터뷰하여 실제로 하는 일, 직무의 장단점, 필요한 역량 등에 대해 묻고 이를 토대로 전자책을 만들어볼 수도 있습니다.

인터뷰를 통해 전자책을 만들 경우, 인터뷰에 응해주시는 분께 인터뷰 내용을 전자책으로 만드는 사실을 알리고 동의를 구하시면 됩니다. 인터뷰 참여 조건으로 개인적인 사례를 제공하거나, 전자책 수익을 분배할 수도 있습니다.

전자책 주제 아이디어 100

지금까지 전자책 주제를 뽑아내는 방법에 대해 알아봤습니다. 실제 전자책으로 제작된 주제를 예시를 통해 간단히 살펴보겠습니다. '아, 이런 주제도 가능하구나' 하고 감을 잡으시는 데에 도움이 될 거예요.

<전자책 주제 리스트>

순번	카테고리	주제
1	투잡·재테크	재테크 기본 용어 익히기
2		주식 차트 보는 방법
3		XX 부업으로 돈 버는 방법
4		20대에 내 집 마련에 성공한 방법
5		부린이가 알아야 할 부동산 상식
6		주식으로 수익 냈던 방법
7		당근마켓 중고 거래로 용돈 벌기
8		코인으로 돈 버는 방법
9		00살에 00원 종잣돈 만든 노하우
10		20대부터 시작하는 자산관리 방법
11	건강·미용	눈 건조 관리하는 노하우
12		하루 30분만 따라 해도 살 빠지는 운동 루틴
13		예뻐지는 법, 잘 생겨지는 법
14		여드름 소멸시키는 법

15		피부 관리하는 법
16		허리디스크 관리 비결
17		한 달 만에 10kg 감량한 노하우
18		어깨 통증 없애는 방법
19		우울증을 극복하는 방법
20		체형 교정하는 법
21	건강·미용	체형 커버하는 옷 코디 노하우
22		퍼스널 컬러를 활용한 메이크업
23		PT 없이 보디프로필 찍는 노하우
24		하루 30분 요가로 몸과 마음을 단련하는 법
25		건강을 위한 비건 음식 레시피
26		꿀잠 자는 방법(깊이 수면하는 방법)
27		탈모 관리하는 방법
28		하루 10분 홈트레이닝으로 몸매 관리하는 법
29		사진 잘 찍는 방법
30		직접 타로 보는 방법
31		자전거로 세계 여행 하는 법
32		셀프 인테리어 비결
33		와인 기본 예절과 인생 와인 찾는 법
34		미니멀 감성 캠핑 하는 법
35	취미·일상	여행 코스 잘 짜는 법
36		혼자서 해외여행 가는 방법
37		취미 부자의 혼자 해볼 수 있는 취미 10가지
38		집에서 따라 해볼 수 있는 홈 카페 레시피
39		명상으로 마음을 다스리는 방법
40		미라클모닝으로 하루를 시작하는 법
41		외국에서 한 달 살기 준비하는 방법
42		제품컷·인물 사진 보정하는 방법
43		유튜브 잘하는 법
44	커리어	블로그 잘하는 법
45		브런치 작가 되는 법
46		종이책 내는 법
47		전자책 쓰는 법

48		영상 촬영 및 편집 노하우
49		인스타그램 팔로워 늘리는 법
50		페이스북 광고로 매출 늘리는 법
51		글 잘 쓰는 법
52		포트폴리오 만드는 방법
53		초보 사업자를 위한 매출 늘리는 마케팅 방법
54		파워포인트·엑셀·포토샵 활용 방법
55		보고서 작성하는 법
56		제안서 작성법
57		기획하는 과정
58		브레인스토밍 방법
59	커리어	특정 직무에 대해 소개하는 전자책 주제
60		연봉 협상 노하우
61		몸값 올리는 이직 노하우
62		사회생활 잘하는 법
63		자소서 작성법
64		공기업·대기업 합격 노하우
65		영어 자격증 따는 법
66		토익 독학하는 노하우
67		영어 회화 잘하는 방법
68		발표 잘하는 방법
69		자료조사 잘하는 방법
70		회사에서 일 잘한다는 소리 듣는 법
71		시간을 효율적으로 쓰는 법
72		마음에 드는 이성과 가까워지는 법
73		좋은 사람을 알아보는 방법
74		연애 잘하는 법
75		소개팅 성공하는 방법
76	연애·결혼	국제 연애 하는 방법
77		배우자를 선택한 이유
78		헤어진 연인과 재회하는 법
79		상대방을 홀리는 대화법
80		여자들이 좋아하는 남자 대화법

PART 2

81		소개팅 어플로 인연을 만나는 법
82		권태기 극복하는 방법
83	연애·결혼	행복하게 연애할 수 있었던 연애편지 작성법
84		연인과 싸우지 않고 오래 만나는 법
85		매력적인 사람이 되는 법
86		결혼 준비하는 법
87		육아 잘하는 법
88		정리 정돈 잘하는 법
89		엄마표 영어로 아이 영어 실력 늘리기
90		하루 만 원으로 집 반찬 맛있게 만드는 법
91	육아·살림	생활비 절약하는 가계부 작성법
92		발달장애 우리 아이, 극복했던 방법
93		미니멀 라이프 실천하는 법
94		집안일 잘하는 법
95		육아맘이 커리어 유지하는 방법
96		아이의 창의력을 높여주는 놀이법
97		집사라면 알아야 할 반려동물 상식
98	반려동물	반려동물 병원에서 꼭 필요한 진료
99		반려동물 훈련시키는 방법
100		반려동물이 무지개다리 건넜을 때, 펫로스증후군 극복법

팔릴 주제일까? 수요 예측하기

수요가 많은 주제를 택하자

앞서 알려드린 방법들을 활용하여 전자책 주제가 될 만한 여러 가지 아이디어를 뽑아 낼 수 있을 텐데요.

<전자책 아이디어 도출 예시>

PPT

블로그   헤어진 연인과 재회했던 경험

식물인테리어   발표   페이스북 광고

고소장을 직접 써본 경험   프랑스 인턴 다녀온 경험

유튜브

그중에서 어떤 주제를 택하면 될까요? 대다수 분들은 특별한 기준 없이 전자책 주제를 정합니다. 하지만 떠오르는 주제를 전자책으로 쓴다고 해서 무조건 팔리지는 않습니다.

팔리는 전자책을 만들기 위해서는 팔릴 가능성이 가장 높은 주제를 택하는 것이 좋습니다. 즉, 수요가 많은 주제를 택해야 합니다! **사람들의 관심이 몰려 있고, 수요가 많은 주제를 택해야 그만큼 잘 팔릴 확률도 높아집니다.**

대개 '나의 관심사인 만큼, 남들도 이 주제에 관심이 있겠지?' 하는 착각의 오류를 범하곤 합니다. 전자책으로 돈을 벌고 싶다면 냉정하게 판단해야 합니다. 내가 관심 있는 주제일 뿐만 아니라, 남들도 관심을 가지는 주제여야 판매로도 잘 이어질 수 있다는 것이죠.

앞서 '대기업·공기업 취업하는 법'과 '워터소믈리에 되는 법'이라는 두 가지 주제를 예로 들었죠. 다소 극단적인 예시이긴 하지만 둘 중 어떤 주제가 잘 팔릴 가능성이 높을까요? 물론 홍보와 마케팅을 어떻게 하느냐에 따라 결과가 달라질 수 있지만, 큰 변수가 없다면 전자가 더 잘 팔릴 것입니다. 많은 사람들이 관심을 갖고 궁금해하는, 즉 수요가 있는 주제이기 때문이죠. 수요가 있는 전자책 주제를 선택해야 하는 이유입니다. 그럼 어떤 주제가 잘 팔리는 주제일까요?

우선, 군이 수요가 있는지 없는지 따로 확인하지 않아도 되는 주제가 있습니다. 바로 '돈'과 관련된 주제입니다. 돈에 관심이 없는 사람은 없기 때문이죠. 그렇기 때문에 실제로 돈과 관련된 주제를 다루는 전자책들은 특히 불티나게 팔리는 편입니다.

예시

- 돈을 버는 법
  ➡ 부업으로 돈 버는 법, 앱테크로 돈 버는 법, XX로 돈 버는 법
- 돈을 아끼는 법
  ➡ 가계부 작성법, 비용을 줄이는 법
- 돈을 불리는 법
  ➡ 재테크 노하우, 주식 노하우, 부동산 노하우

백만 원, 천만 원 이상의 큰돈 단위가 아니어도 상관없습니다. 단돈 몇만 원이라도 직접 벌어보거나 아껴보거나 불려본 경험이 있다면, 작은 경험이라 해도 팔릴 가능성이 충분히 높습니다.

그렇다면 잘 팔리는 전자책 주제는 무조건 '돈'과 관련되어야 할까요? 그렇지 않습니다. 돈과 관련 없는 주제도 충분히 판매가 잘될 수 있죠. 돈과 관련 없는 주제의 수요를 확인하는 방법을 알려드리겠습니다.

수요 예측 방법 1: 유튜브 활용하기

유튜브를 활용하면 수요를 손쉽게 확인할 수 있습니다. 대한민국 인구 5명 중 4명은 유튜브를 사용한다고 합니다. 유튜브 사용자가 많은 만큼, 콘텐츠의 절대적인 양도 많습니다. 유튜브 조회수를 기준으로 수요를 예측해볼 수 있습니다. **유튜브 조회수가 높게 나오면 수요가 많은 주제, 조회수가 낮게 나오면 수요가 적은 주제일 가능성이 큽니다.**

여러분이 뽑아낸 전자책 주제를 '~하는 법' 형태로 유튜브에 검색해보세요. '해외인턴 하는 법', '헤어진 연인과 재회하는 법', '진상고객을 상대하는 법', '식물 인테리어 하는 법' 같은 식으로요!

▲ 유튜브 조회수 기준으로 수요 예측

예를 들어, 유튜브에 '프랑스 인턴 하는 법'을 검색하면 상단에 노출되는 영상들의 조회수는 평균 1만 회 미만입니다. 수요가 적은 주제라고 예측해볼 수 있습니다. 이에 반해 유튜브에 '재회하는 법'을 검색하면 상단에 노출되는 영상들의 조회수는 평균 10만 회 이상입니다. 수요가 많은 주제로 예측해볼 수 있습니다.

이렇듯, 검색해서 나오는 영상들의 조회수가 높을수록 수요가 많은 주제로 간주할 수 있습니다. 당연히 수요가 많은 주제일수록 추후에 판매가 잘될 확률도 높아지겠죠. 여러분들이 뽑아낸 전자책 주제들에 '~하는 법'을 붙여 유튜브에 검색하여 조회수가 높게 나오는 주제부터 나열하고, 1순위 주제를 전자책 주제로 정해보세요.

수요 예측 방법 2: 네이버 포스트 활용하기

▲ 네이버 포스트 화면

네이버 포스트란 블로그처럼 콘텐츠들이 게시되는 공간인데요. 네이버 블로그에 주로 일상 콘텐츠가 게시된다면, 네이버 포스트에는 전문적인 정보성 콘텐츠가 게시되는 편입니다. 정보성 콘텐츠를 기준으로 수요를 확인해야 하기 때문에 네이버 포스트를 활용해 수요를 예측해볼 수 있습니다.

📖 **잠깐만요** **수요 확인 기준**

전자책 주제에 '~하는 법'을 붙여 검색 시 나오는 영상들의 조회수를 체크합니다. 조회수가 적어도 몇만 회 이상 나오는 수요가 있는 주제를 선택하시기를 추천드립니다.

- 유튜브 조회수 ~n천 회: 수요가 적음
- 유튜브 조회수 ~n만 회: 수요가 있음
- 유튜브 조회수 ~n십만 회: 수요가 많음

네이버 포스트로 수요 예측해보기

01 네이버 포스트(post.naver.com) 화면 우측 상단의 [검색하기]를 클릭하여 검색 창에
키워드를 입력합니다.

💡 TIP

네이버는 키워드 기반
의 검색 플랫폼이기
때문에 곧바로 키워드
로 검색하면 됩니다.
(예: 블로그, 연애, 재
회, 식물인테리어 등)

02 키워드 단위로 검색했을 때 나오는 게시 글들의 조회수를 확인합니다. 조회수가 1000 이상이면 수요가 있는 주제라고 간주할 수 있습니다.

수요 예측 방법 3: 네이버 키워드도구 활용하기

네이버 키워드를 활용해 수요를 예측하는 방법도 있습니다. 네이버 키워드도구로 해당 키워드의 검색량을 확인할 수 있습니다.

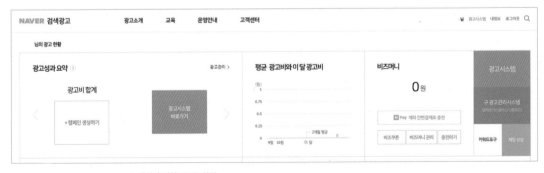

▲ 네이버 키워드도구 화면

01 검색광고 사이트(searchad.naver.com)에서 로그인하고 화면 우측 상단의 [광고시스템]을 클릭하세요.

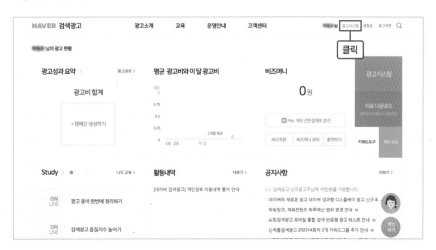

02 상단 메뉴에서 [도구]→[키워드 도구]를 클릭하세요.

03 '키워드' 항목에 원하는 키워드를 입력한 후 [조회하기]를 누르면, 하단에 키워드에 대한 월간검색량이 나옵니다.

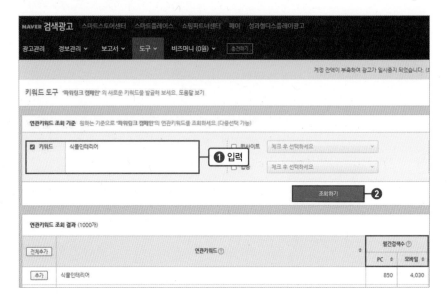

📖 잠깐만요 키워드도구 활용 팁

'연관키워드 조회 결과' 영역에 나온 키워드를 클릭하면 해당 키워드의 검색량 추이를 확인할 수 있습니다. 또한 어떤 성별, 어떤 연령층이 많이 검색했는지도 확인할 수 있습니다. 예를 들어 '식물인테리어' 키워드는 30~40대 여성들이 주로 검색하는 키워드임을 확인할 수 있는데요. 추후 전자책 타깃을 설정할 때 참고하면 도움이 됩니다.

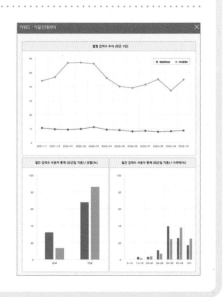

수요가 적은 주제는 안 팔릴까?

전자책 주제로 떠올린 여러 아이디어 중 어느 정도 수요가 있는 주제를 우선순위로 선택하기를 추천했는데요. 그럼 수요가 적은 주제는 무조건 제외해야 하는 걸까요? 그렇지 않습니다. 수요가 적은 주제를 선택해도 괜찮습니다. 다만, 수요가 적다면 많은 사람이 관심을 가지는 주제는 아니므로 전자책 판매를 시작할 때 별도의 홍보를 통해 사람들의 관심을 이끌어낼 필요가 있습니다. 수요가 적은 주제이므로 홍보활동을 하지 않으면 판매량이 저조할 수 있는 거죠.

즉각적인 판매, 많은 판매량을 목표로 한다면 가능한 한 수요가 많은 주제가 유리하다는 점을 참고하면 됩니다!

10분 대화로 전자책 주제가 나왔던 사례

전자책을 써보고 싶지만 마땅한 주제가 떠오르지 않아 고민인가요? 실제로 많은 분들이 쓸 주제가 없다는 고민을 털어놓습니다. 하지만 이런 고민을 가진 분 모두와 5~10분만 대화해보면 쓸 만한 전자책 주제가 최소 2~3개 이상 나옵니다. 저와 지인이 나눈 대화에서 전자책 주제가 도출되었던 몇 가지 사례를 소개합니다.

· 간호사 친구 A와의 대화

평생 간호 일만 하고 살 순 없을 것 같아서 나도 전자책 부업 해보고 싶긴 한데 쓸 주제가 없어.

너 간호사잖아. 네가 하고 있는 일 자체가 전자책 주제가 돼.
네가 당연하게 알고 있는 내용들이 간호사를 희망하는 사람들에겐 정말 필요한 정보가 될 수 있어! 예를 들어 간호사가 되면 실제로 하게 되는 일들, 병원·직무별로 느꼈던 장단점, 일할 때 조심해야 할 점, 응급 상황이 벌어졌을 때 대처 방법, 선후배들과 잘 지내는 방법 등등, 이런 내용에 대해 간호사를 희망하는 사람들 대상으로 작성해보는 거지.
아니면 일반인을 대상으로 병원을 선택하는 올바른 방법, 병원에서 진짜 필요한 치료만 받는 법, 병원 이용할 때 알아두면 좋은 팁 등도 주제가 될 수 있어.

· 카페를 운영했던 친구 B와의 대화

나도 전자책 관심 가는데 진짜 쓸거리가 없어!

개인 카페 창업 경험을 전자책으로 써보는 건 어때? 카페 창업을 원하는 사람들을 대상으로 카페 창업하는 법, 메뉴 개발하는 법, 음료 레시피 등 많은 것을 알려줄 수 있을 거야. 그리고 일반인을 대상으로 한다면 홈 카페 레시피를 주제로 해봐도 좋을 것 같아.

· 취준생 친구 C와의 대화

나는 요즘 용돈벌이 겸 신발 리셀을 하고, 블로그 원고 알바도 하고 있어.

오, 정말? 나는 신발 리셀 알바에 대해 잘 모르는데 신발로 돈을 버는 방법도 있구나. 나처럼 리셀로 돈 버는 법에 대해 잘 모르는 사람들 대상으로 전자책을 만들어봐도 반응이 나쁘지 않을 것 같은데?
블로그 원고 알바 하는 법으로 전자책을 써봐도 좋을 것 같아. 블로그 원고 알바는 어떻게 구하는지, 구하고 나서 글은 어떤 식으로 쓰면 되는지, 글을 빠르게 작성하는 노하우를 소개하는 거지! 집에서 간단히 할 수 있는 부업을 찾는 직장인, 주부에게 매우 유용한 정보가 될 것 같아.

· 중소기업 다니는 친구 D와의 대화

나는 진짜 특별한 게 없어서 쓸 주제가 없다.

내가 너를 오래 지켜봐와서 그런가, 너한테 쓸 주제 진짜 많은데. 너 대학 다닐 때 컴퓨터공학과 과제로 어플 만들었잖아! 완전 전문가 수준은 아니어도 어플 처음 만드는 사람들 대상으로 '어플 만들고 광고 붙여서 돈 버는 법', '왕초보 어플 만들기' 같은 전자책을 내봐도 좋을 것 같은데?
그리고 너 평소에 자잘하게 돈 절약하고 모으는 법 잘 알잖아. 앱테크 같은 것도 엄청 많이 찾아서 하고! 평소에 포인트 쌓은 거 잘 챙겨서 혜택도 많이 받고, 영수증 사진 찍어서 적은 돈이라도 벌고…. 그런 거 보면 '앱테크 활용해서 돈 버는 노하우'도 좋을 것 같은데.
저번에 보니 최신 스마트폰도 중고 거래로 싸게 사던걸? 나는 매번 대리점에서 비싸게 샀는데…. '중고 거래로 사기 안 당하고 직접 폰 거래하는 법'도 전자책 주제로 좋을 거 같아. 난 유심 넣고 원래 폰에 있던─ 내용들 다 옮기는 것도 신기하더라고. 중고인데 폰이 하자 없이 작동도 잘되고 깨끗하기도 했고. '중고 거래로 스마트폰 저렴하게 구입하는 법'도 주제로 나쁘지 않을 것 같은데?

· 취미가 많은 친구 E와의 대화

취미도 전자책 주제가 될까?

당연하지! 네가 하고 있는 여러 취미들도 전자책 주제가 될 수 있어.

너 평소에 패션이나 화장법에 관심이 많잖아. 코디와 화장에 서툰 사람들을 위해 '퍼스널 컬러에 어울리는 스타일링'을 주제로 전자책을 써봐도 좋을 것 같아.

그리고 최근에 타로 카드를 가져와서 내 타로를 봐준 적이 있었지! 네가 직접 타로 카드를 분석해주고 설명해주는 게 너무 재밌고 신기하더라고. '타로 보는 법', '타로 카드로 심리 파악하는 법' 같은 주제로 전자책을 써봐도 좋을 것 같아. 타로에 관심이 있고, 배워보고 싶었던 사람들에게 도움이 될 거야.

그리고 학교 다닐 때, 한 달 정도 유럽 여행을 다녀온 적도 있잖아. '해외여행 꿀팁', '혼자서 유럽 일주하기'와 같은 주제로 전자책을 써볼 수도 있어. 유럽 여행에 대한 로망이 있거나, 여행을 계획하고 있는 사람들에게 도움이 될 거야.

· 육아맘 F와의 대화

대단한 경력이 없어도 될까요?

어떤 분야든, 처음 시작하는 사람에게 알려줄 수 있는 정도면 돼요!

예를 들어 평소에 정리 정돈을 잘한다고 하셨는데요! 자취를 처음 시작하는 대학생, 사회 초년생에게는 정리 정돈이 어려운 일일 수 있어요. '1인 가구를 위한 정리 정돈 팁'을 주제로 전자책을 써볼 수도 있는 거죠.

혹은 16살 된 강아지를 키우고 있다 하셨는데요! '반려견과 오래 건강하게 지내는 법', '반려견 증상 상식 사전'과 같이, 반려견이 아프지 않고 오래 건강하게 잘 지낼 수 있었던 노하우들을 전자책으로 만들어볼 수도 있어요. 강아지를 키우는 사람에겐 꼭 필요한 정보일 거예요.

그리고 평소에 채식 요리를 즐겨 하신다 하셨는데요! 요즘 비건, 채식 식단에 관심을 갖는 사람들도 많기 때문에 집에서 쉽게 해 먹을 수 있는 '채식 요리 레시피'를 주제로 해봐도 좋을 것 같네요!

이러한 대화 사례 외에도, 주변 사람들을 보며 '어? 이런 건 전자책 주제로 써도 되겠는데?' 하는 순간들이 많았는데요. 헬스를 열심히 해서 보디프로필까지 찍었다는 분을 보며 '보디프로필 찍는 노하우', '한 달 만에 몸 바뀌는 식단 노하우', 'PT 안 받고 혼자 몸 만드는 노하우', '왕초보를 위한 운동 루틴' 등 다양한 주제가 떠오르더라고요.

군대 간 남자 친구를 기다리며 쓴 편지들을 엮어 종이책으로 만든 친한 동생을 보며 '선물용 또는 소장용 종이책 만드는 법', '군대 간 남자 친구와 헤어지지 않고 오래 연애하는 법', '연인과 관계 개선하는 법' 등을 전자책 주제로 해도 좋을 것 같았어요.

음식점에 가면 음식 사진이나 음식점 사진을 기가 막히게 잘 찍는 친구를 보며 '음식점 사업자를 위한 사진 촬영 노하우'를 주제로 전자책을 써도 될 것 같단 생각이 들기도 했습니다. 요즘은 SNS 마케팅이 필수인 시대라 음식점 메인 메뉴, 매장 사진을 잘 찍어서 사람들에게 어필하는 것도 굉장히 중요하기 때문이죠.

10년 이상 혼자 자취한 경력으로 청소나 빨래, 요리를 잘하는 분이 계신데요. 살림에 서툰 사회 초년생 혹은 1인 가구를 대상으로 '1인 가구 생활 꿀팁', '집에서 맛있는 집밥 해 먹는 법' 등의 주제로 전자책을 써봐도 반응이 좋을 것 같더라고요!

전자책 매출 2억 낸 비밀, 기획안에 있다

일급 기밀,
전자책 기획안 양식 최초 공개!

기획안을 작성해야 하는 이유

전자책 주제를 설정했다면 이제 기획안을 쓸 차례입니다. 전자책 주제를 정한 후 바로 내용을 작성하는 분이 많은데요, 전략 없이 쓴 글은 잘 팔릴 가능성이 낮습니다. 이미 비슷한 주제의 전자책이 많이 있을 것이기 때문이죠. 후발 주자임에도 잘 팔리게 만들 전략이 필요합니다.

기획안을 작성하면 내 전자책이 어떤 사람들을 대상으로, 어떤 고민을 해결해줄 수 있고, 다른 전자책과는 무엇이 다른지 등 전략을 수립할 수 있게 됩니다. 내 전자책이 팔릴 이유가 만들어지게 되는 것입니다.

저는 후발 주자임에도 전자책으로 누적 매출 2억을 달성했습니다. 제 코칭을 받으셨던 분들도 전자책 분야에 상관없이 수익화에 성공했습니다. 단순히 전자책을 쓰기만 한다고 모두 잘 팔리는 게 절대 아닙니다. 기획안 작성으로 팔릴 수밖에 없는 전략을 세우는 방법을 알려드리겠습니다.

기획안 기본 양식

전자책을 기획할 때 사용하는 기본 양식은 아래와 같습니다.

항목	작성란
❶ 전자책 제목	
❷ 타깃의 고민 • 어떤 고민을 가지고 있을까?	
❸ 전자책의 판매 포인트 • 어떤 해결책을 줄 수 있을까? + • 전자책을 접한 뒤 구체적인 변화 최소 4가지	
❹ 전자책이 필요한 대상	
❺ 전자책 콘셉트 (타 전자책) _____인 사람들을 위해 _____를 경험한 제가 _____를 알려드릴 것입니다.	
❻ 전자책 콘셉트 (내 전자책) _____인 사람들을 위해 _____를 경험한 제가 _____를 알려드릴 것입니다.	
❼ 전자책 목차	

전자책을 쓰기 전 기획안까지 만드는 사람은 많지 않습니다. 그러니 기획안 작성만으로도 여러분은 남들에게 없는 큰 무기를 하나 갖게 된 겁니다. 이제부터 기획안 내용을 어떻게 채워가면 되는지 알아보겠습니다.

기획안 이렇게 쓰면
무조건 팔린다

1 전자책 제목

TIP

제목에 '노하우, 방법' 같은 단어를 사용하면 궁금증을 유발할 수 있습니다.
뒤에서 제목·목차 카피라이팅 방법을 자세히 다룰 예정이므로, 기획안 작성 단계에서는 제목만 간단하게 작성하면 됩니다.

전자책이 담고 있는 내용을 한 줄로 간단히 작성합니다. 전자책에서 어떤 주제를 다루고 있는지를 풀어서 쓰면 됩니다.

예시

- 2주 만에 놀고먹는 블로그 만드는 방법
- 블로그 인플루언서가 되는 방법
- 블로그 협찬으로 생활비 절약한 노하우

2 타깃의 고민

전자책 주제와 관련해 사람들에게 어떤 고민과 질문이 있는지 수집해야 합니다. 전자책을 쓸 때 다루고 싶은 내용을 쓰는 것도 좋지만, 사람들이 궁금해하는 질문과 고민을 해소해줄 수 있는 내용을 담으면 훨씬 더 좋은 반응을 얻을 수 있습니다.

저는 모든 콘텐츠를 만들 때 사람들의 고민과 질문을 조사하고 이를 콘텐츠에 반영합니다. 이 방법으로 만든 유튜브 영상 10개로 구독자 3만 명을 달성했습니다. 강의와 전자책도 마찬가지로 5.0 만점에 가까운 평점을 받을 수 있었죠.

자신이 쓸 전자책 주제에 대해 사람들이 어떤 질문과 고민을 갖고 있는지 조사해보세요. **사람들의 궁금증을 해소해줄 수 있어야 전자책의 만족도가 올라갑니다.**

예시

- 블로그로 어떻게 수익을 낼 수 있을까?
- 블로그를 어떻게 하면 잘 운영할 수 있을까?
- 블로그 글이 어떻게 검색 창 상위에 노출될까?
- 블로그 키워드는 어떻게 잡는 걸까?
- 블로그 통계는 어떻게 확인할까?

📖 잠깐만요 사람들의 고민과 질문을 수집하는 방법

전자책 내용을 구성할 때 참고하기 위해 아래 소개하는 방법을 활용하여 전자책 주제와 관련된 사람들의 질문 및 고민을 최소 15개 이상 수집해주세요!

❶ 유튜브 댓글 찾아보기

전자책 주제와 관련된 유튜브 영상의 댓글을 참고하면 사람들이 어떤 질문들을 하는지 찾을 수 있습니다. '댓글 좋아요'를 많이 받은 질문일수록 사람들이 공통적으로 많이 궁금해하는 내용이라고 보면 됩니다.

❷ 네이버 '카페' 및 '지식iN' 영역 찾아보기

카페와 지식iN은 사람들이 특정 주제에 대해 질문을 많이 남기는 공간입니다. 해당 영역을 확인하여 전자책 주제에 관한 사람들의 질문, 고민을 수집할 수 있습니다. 방법은 간단합니다. 네이버에 '전자책 주제+질문', '전자책 주제+고민' 형식으로 검색하면 됩니다. 예를 들어 연애 전자책을 내고 싶다면 '연애 질문', '연애 고민' 키워드로 검색하고, 공기업 취업 전자책을 내고 싶다면 '공기업 취업 질문', '공기업 취업 고민'과 같은 식으로 검색해봅니다. 지식iN, 카페 탭에서 사람들의 질문과 고민을 수집해보세요.

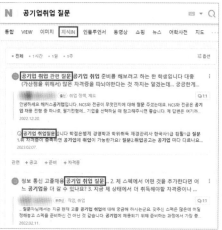

3 전자책의 판매 포인트

전자책은 사람들의 고민을 하나라도 해결해줄 수 있어야 판매로 이어집니다. 앞서 수집한 고민들을 토대로, 자신의 전자책이 어떤 해결책을 줄 수 있는지 한 문장으로 정의해봅시다. 그리고 전자책을 접한 사람들이 겪게 될 변화를 최소 4가지 이상 나열해보세요.

예시

- 나의 전자책이 해결해줄 수 있는 것
  - 처음 하는 사람도 블로그를 키워서 수익 내는 법을 알게 돼요!
- 예상되는 변화
  - 막막해서 미루고 있던 블로그, 시작했어요!
  - 키워드 잡는 법 어렵지 않아요!
  - 블로그 시작 3일 만에 협찬받았어요!
  - 다양한 블로그 수익 구조를 알게 되어 매달 몇만 원씩 수익이 들어와요!

4 전자책이 필요한 대상

전자책이 필요한 대상에 대해 작성해봅시다. 나의 전자책이 필요한 사람들은 어떤 문제에 직면해 있을까요? 전자책이 필요한 대상을 정의할 때는 '어떤 문제'에 직면한 사람들인지에 초점을 맞춰 작성해보세요.

예시

- 월급·돈벌이가 만족스럽지 못한 분
- 곧바로 실행 가능한 투잡을 원하는 분
- 투잡을 원하지만 시간적인 여유가 많지 않은 분
- 블로그를 처음 시작해 막막한 분
- 블로그 마케팅이 필요한 사업자분

5 전자책 콘셉트

전자책을 만들 때에는 반드시 전자책의 '콘셉트'가 있어야 합니다. 콘셉트는 다음과 같은 형식으로 구체화할 수 있습니다.

> **전자책 콘셉트**
> _____인 사람들을 위해
> _____를 경험한 제가
> _____를 알려드릴 것입니다.

이 콘셉트가 다른 전자책들과 달라야 합니다. 모든 전자책의 콘셉트가 동일하다면 특정 전자책이 선택될 이유가 없어지게 됩니다. 만약 연애 전자책이 있는데 다들 '나 연애 잘해요. 연애 잘하는 법 알려줄게요' 하고 똑같은 콘셉트로 쓰였다면? 굳이 특정 전자책이 선택될 이유가 없는 거죠.

그렇다면 콘셉트는 어떻게 차별화하면 될까요? 예를 들어 '연애'에 대한 전자책이 있다면 아래와 같은 콘셉트를 잡을 수 있습니다.

예시

> - 5년 경력의 연애 상담 전문가가
>   연애 잘하는 법을 알려드립니다.
> - 주변 지인들의 연애 고민을 해결해줬던 경험으로
>   연인과 싸우지 않는 법을 알려드립니다.
> - 소개팅 10번 중 9번 성공했던 경험으로
>   소개팅 애프터 받는 법을 알려드립니다.
> - 헤어진 연인 모두에게 연락받았던 경험으로
>   재회하는 법을 알려드립니다.

동일하게 연애 범주에 있는 전자책이어도 저자가 어떤 경험을 했고, 어떤 내용을 알려줄 수 있는지에 따라 콘셉트를 다르게 설정할 수 있습니다. 그런데 이런 의문이 들 수 있습니다. '어떤 경험'을 했는지는 사람마다 다 다를 수밖에 없다고 해도, '어떤 내용'을 알려줄지에 대해서는 어떻게 차별화할 수 있을까요?
전자책에서 알려주는 내용이 다른 전자책과 100% 다를 필요는 없습니다. 딱 10% 정도만 달라도 되죠. 내용을 차별화하는 구체적인 방법으로는 2가지가 있습니다.

첫째, 다른 전자책에서 다루는 내용 중 일부만 떼 와서 심화하는 방법입니다. 예를 들어 연애하는 법에 대한 전반적인 내용을 다루는 전자책이 있는데, 연인과 싸웠을 때 어떻게 화해하는지에 대해서 간단하게만 알려주고 있다면? '연인과 싸웠을 때 화해하는 법'

파트만 가져와서 더 깊이 다루는 전자책을 내는 것입니다.

둘째, **다른 전자책에서 부족한 부분을 보완**할 수도 있습니다. 예를 들어 헤어진 연인과 재회하는 법에 대한 전자책이 있는데 어떻게 재회하는지까지만을 다루고 있다면, '재회 후 관계를 유지해나가는 법'과 같은 내용을 추가해서 알려주는 전자책을 내는 겁니다.

이런 식으로 내용을 차별화하는 방법은 매우 다양합니다. 내용 차별화를 위해서는 반드시 다른 전자책들의 콘셉트를 파악해야 합니다. 자신이 선택한 주제와 비슷한 내용을 다루는 전자책 중에서 잘 팔리고 있는 전자책을 최소 3권 이상 찾아해보세요. 그리고 어떻게 콘셉트를 차별화할 수 있을지 생각해보세요. 콘셉트 분석을 위해 전자책을 구매하지 않아도 됩니다. 전자책 상품을 클릭해 나오는 소개 글만 봐도 콘셉트를 파악할 수 있습니다.

> **TIP**
> 각 전자책 판매처는 120~121쪽을 참고해 주세요.

6 전자책 목차

기획안 작성의 마지막 단계는 목차 작성입니다. 이제까지 구상한 내용을 토대로 전자책에 담을 내용을 적절하게 배치하여 구성합니다.

❶ 서론
- 들어가는 말
- 배경 및 필요성

❷ 본론
- 개념
- 방법
- 사례

❸ 결론
- 마치며
- 많이 묻는 질문들(QnA)

전자책 콘셉트 설정 사례

전자책을 만들 때 실제로 콘셉트를 잡아나간 저의 사례를 두 가지 소개합니다.

❶ '블로그' 전자책

전자책 콘셉트(타 전자책)			
<u>부업을 하고 싶은</u>	사람들을 위해	<u>부업을 하고 싶은</u>	사람들을 위해
<u>6개월 만에 블로그 급성장</u> 을 경험한 제가		<u>직장 다니며 블로그 수익 내기</u> 를 경험한 제가	
<u>블로그로 수익 내는 법</u> 을 알려드릴 것입니다.		<u>블로그로 수익 내는 법</u> 을 알려드릴 것입니다.	

전자책 콘셉트(내 전자책)	
<u>부업을 하고 싶은</u>	사람들을 위해
<u>블로그 5년 차, 광고대행경력</u> 을 경험한 제가	
<u>2주 만에 블로그 수익 내는 법</u> 을 알려드릴 것입니다.	

경쟁자 조사 결과, 대부분 짧은 블로그 경력을 가진 저자가 대부분이었습니다. 그래서 저는 '블로그 경력 5년', '광고대행사 출신'이라는 경험을 강조해 전문가라는 점을 어필하기로 했습니다.

전자책 내용으로 단순히 수익 내는 법만 알려주어서는 차별화가 어렵겠다고 판단했습니다. '수익화 달성을 위한 2주 액션플랜'까지 추가로 제시해 콘셉트를 차별화했습니다.

❷ '페이스북 광고' 전자책

전자책 콘셉트(타 전자책)			
<u>매출을 늘리고 싶은</u>	사람들을 위해	<u>매출을 늘리고 싶은</u>	사람들을 위해
<u>업계 최고 경력 마케터</u> 를 경험한 제가		<u>페이스북 광고대행사</u> 를 경험한 제가	
<u>페이스북 광고 노하우</u> 를 알려드릴 것입니다.		<u>페이스북 광고 노하우</u> 를 알려드릴 것입니다.	

전자책 콘셉트(내 전자책)	
<u>매출을 늘리고 싶은</u>	사람들을 위해
<u>제 상품 광고</u> 를 경험한 제가	
<u>왕초보도 페이스북 광고 하는 법</u> 을 알려드릴 것입니다.	

경쟁자 조사 결과, 대부분 '광고대행사 마케터 경력'을 강조할 뿐 본인의 상품을 직접 광고한 경험을 가진 저자는 거의 없었습니다. 그래서 저는 '제 상품을 직접 광고했던 경험'을 어필하기로 했습니다.

전자책 내용으로 대부분 기초적인 내용을 생략하는 경우가 많았습니다. 그래서 저는 왕초보를 위해 '광고 계정 생성하는 법' 같은 내용까지 추가해 강조하기로 했습니다. 또한, 대부분의 전자책은 이론적인 내용을 위주로 다루고 있었습니다. 저는 실제로 사용했던 광고 문구, 광고 이미지 첨부 등 구체적인 실제 사례를 추가해 내용을 차별화했습니다.

목차를 작성하는 팁을 두 가지 소개합니다. 첫 번째, **큰 목차는 '일의 진행 흐름대로' 작성**해봅니다. 예를 들어 '공기업 취업하는 법'이 주제라고 가정해보겠습니다. 공기업 취업을 위해서는 자기소개서를 쓰고, 시험을 준비하고, 면접을 준비해야 합니다. 해당 순서대로 큰 목차들을 써줍니다.

예시

❶ 공기업 합격을 위한 마음가짐
·
❷ 자소서 작성하기
·
·
❸ NCS 시험 준비하기
·
·
❹ 면접 준비하기
·
·
❺ 마치며

또 다른 예로 '소개팅하는 법'이 주제라면 어떨까요? 소개팅을 하기 위해서는 기본적으로 주선자를 찾고, 소개팅 전 연락을 주고받은 후, 상대를 실제로 만나게 됩니다. 해당 순서대로 큰 목차를 구성해줍니다.

예시

❶ 당신이 소개팅에 실패하는 이유
·
❷ 주선자 찾기
·
·
❸ 소개팅 전 연락 단계
·
·
❹ 소개팅에 가서
·
·
❺ 소개팅 실전 사례
·
·
❻ 마치며

두 번째 팁으로, **세부 목차는 사람들의 고민과 질문들을 토대로 작성**해보세요. 큰 목차 하위에 들어가는 세부 목차들은 기획안 작성 시 조사했던 전자책 주제와 관련된 사람들의 질문과 고민들을 토대로 최소 15개 이상 채우면 됩니다.

예를 들어, 전자책 주제가 '공기업 취업'이라면 유튜브 댓글, 네이버 지식iN, 카페(커뮤니티) 등에서 사람들이 어떤 질문들을 하는지 수집합니다.

- 자소서 각 항목별로 어떻게 쓰나요?
- 자소서에 어떤 이력들을 어필해야 할까요?
- 점수를 더 받을 수 있는 자격증이 있을까요?
- NCS 시험공부는 어떻게 하나요?
- 1분 자기소개 어떻게 하나요?

수집한 질문들을 토대로 세부 목차를 구성해줍니다.

예를 들어, 전자책 주제가 '소개팅하는 법'이라면 유튜브 댓글, 네이버 지식iN, 카페(커뮤니티) 등에서 사람들이 어떤 질문들을 하는지 수집합니다.

- 소개팅 주선은 어떻게 받나요?
- 소개팅 전 연락 간격은 어느 정도가 좋을까요?
- 소개팅 장소는 어떻게 정하면 될까요?
- 소개팅에서 어떤 얘기들을 하는 게 좋나요?
- 애프터 신청은 어떻게 하나요?

수집한 질문들을 토대로 세부 목차를 구성해줍니다.

❶ 공기업 합격을 위한 마음가짐

❷ 자소서 작성하기
- 자소서 각 항목별 작성법
- 자소서에 어필해야 할 이력들
- 서류에서 플러스되는 자격증은?

❸ NCS 시험 준비하기
- 단기간에 합격하는 시험공부 방법
- 추천 인강과 교재 리스트
- 시간 단축 문제 풀이법

❹ 면접 준비하기
- 1분 자기소개, 어떻게 해야 할까?
- 합격하는 면접 답변 팁
- 좋은 인상을 남기는 면접 복장

❺ 마치며

❶ 당신이 소개팅에 실패하는 이유

❷ 주선자 찾기
- 소개팅 주선, 어떻게 받을까?
- 소개팅 많이 들어오는 꿀팁

❸ 소개팅 전 연락 단계
- 소개팅 전, 연락 간격
- 만날 장소 정하기

❹ 소개팅에 가서
- 자연스럽게 대화를 이어가는 법
- 애프터 신청하는 법
- 좋은 첫인상을 남기는 방법

❺ 마치며
- 많이 하는 질문들 QnA

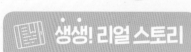
다른 전자책과의 차별점 찾기

전자책 콘셉트 차별화에 대해 추가 사례를 확인해보도록 하겠습니다. 유튜브에 대한 전자책을 만들기로 하고 경쟁자를 조사한 결과, 다음과 같은 유튜브 전자책들이 있다면 어떤 차별화된 콘셉트를 제시해볼 수 있을까요?

> **경쟁자 리스트**
> - 100만 유튜버가 알려주는 유튜브 노하우
> - 50만 유튜버 월 천만 원 벌었던 방법
> - 리뷰 영상 제작하는 방법
> - 브이로그 잘 찍는 방법

· 차별화 사례 1

구독자 수십만 명 이상의 대형 유튜버가 유튜브하는 법을 알려주는 전자책이 많다면, 오히려 적은 구독자를 가지고도 수익 냈던 경험을 어필하여 '적은 구독자로도 수익 내는 법'을 알려줄 수도 있습니다.

> **전자책 콘셉트**
> <u>유튜브로 수익 내고 싶은</u>　　 사람들을 위해
> <u>적은 구독자수로도 수익 내기</u>　 를 경험한 제가
> <u>적은 구독자수로도 수익 내는 법</u> 을 알려드릴 것입니다.

・차별화 사례 2

대부분의 유튜브 관련 전자책이 일반인을 대상으로 삼고 있다면, '사업자·프리랜서'를 대상으로 유튜브 영상을 활용해 브랜딩했던 경험을 중심으로 '유튜브로 브랜딩하는 법'을 알려주는 콘셉트를 잡아볼 수도 있습니다.

전자책 콘셉트	
브랜딩을 하고 싶은	사람들을 위해
영상 10개로 브랜딩 효과	를 경험한 제가
유튜브로 브랜딩하는 법	을 알려드릴 것입니다.

・차별화 사례 3

대부분의 전자책이 유튜브 A to Z 전반적인 내용에 대해 다루고 있다면, '유튜브 섬네일(대표 이미지) 제작법'과 같이 특정 부분만 떼서 심화하는 콘셉트를 정할 수도 있습니다.

일반인을 대상으로, 섬네일을 직접 만들어 조회수를 늘렸던 경험을 토대로 조회수 늘리는 섬네일 제작법을 알려주는 것이죠.

전자책 콘셉트	
영상 조회수를 늘리고 싶은	사람들을 위해
섬네일로 조회수 증가	를 경험한 제가
조회수 높이는 섬네일 제작법	을 알려드릴 것입니다.

전자책, 이렇게 쓰세요

전자책 2주 만에 다 쓰는 방법

전자책 기본 구성

기획안 작성이 끝났다면 이제 전자책 쓰기에 돌입할 차례입니다. 전자책은 크게 표지, 목차, 본문으로 구성됩니다. 정해진 분량은 없지만, 전자책 주요 판매 플랫폼 '크몽'에서 규정한 최소 분량인 20장 정도는 쓰는 게 좋습니다. 세부 목차당 내용을 1~2페이지 정도씩 채워 넣으면 됩니다.

| 표지 | 목차 | 본문 20장 |

▲ 전자책 구성 예시

글을 쓰기 위한 사전 지식이 부족하다면?

자료조사를 하면 됩니다. 요즘은 네이버, 구글, 유튜브에 검색하면 웬만한 자료는 다 나옵니다. 인터넷상에 있는 자료로 부족하다면 관련 도서를 3권 정도 찾아 읽어보세요. 다른 책의 내용을 베끼라는 뜻이 아닙니다. 자료조사를 통해 찾은 소스들을 활용해 자신의 견해와 의견을 덧붙여 설명하면 됩니다.

예를 들어 시중에 나와 있는 스마트스토어 강의는 많지만 각 강의의 내용이 처음부터 끝까지 겹치는 내용 없이 완전히 다르진 않습니다. 도매사이트 사용법, 키워드 사용법, 상품등록방법 등 기본적인 내용은 모두 동일하죠.

자료조사로 객관적인 정보들을 수집해 전자책을 만들 수 있습니다. 단, 다른 사람의 아이디어나 생각이 들어간 창작물을 동의없이 사용하면 저작권 침해로 문제가 될 수 있으니 유의해야 합니다.

알고 있는 사전 지식이 많지 않다면 관련 책 딱 3권만 읽어보세요. 그 자체만으로 이미 왕초보자에서 초보자 수준까지는 올라갈 겁니다. 그 지식들을 토대로 참고하여 전자책을 완성해보세요.

전자책 2주 만에 다 쓰는 비결

전자책, 언제 다 쓸지 막막한가요? 실제로 전자책 쓰기를 시작한 10명 중 1명 정도만 끝까지 완성합니다. 그만큼 중간에 포기하는 경우가 많습니다. 끝까지 다 쓰기만 해도 여러분은 상위 10% 안에 드는 셈입니다. 전자책을 단 2주 만에 완성하기 위한 팁을 알려드리겠습니다.

첫째, **말하듯이 편하게 쓰세요.** 전자책을 쓸 때 대부분 글을 잘 써야 한다는 부담을 갖습니다. 고객들이 전자책을 구매하는 이유는 원하는 정보를 얻기 위함입니다. 그렇기에 뛰어난 문장력과 미사여구는 필요하지 않습니다. 정보만 잘 전달하면 됩니다. 여러분이 지인에게 무언가 설명할 때를 생각해보세요. 어떻게 하면 그럴듯하게 잘 포장해서 이야기할지 생각하며 말하시나요? 대부분 자신의 생각을 편하게 이야기합니다. 전자책도 말하듯 편하게 쓰세요.

다음 이미지는 제가 실제로 쓴 전자책의 일부입니다. 평소에 다른 사람들과 대화하듯 편한 말투로 썼습니다. 그럼에도 전자책은 수백 권 넘게 팔렸고, 좋은 평가를 받았습니다. 글을 잘 쓰지 못해도 됩니다. 핵심 정보만 다 들어가면 그것으로 충분합니다. 평소에 가까운 사람에게 말로 설명하듯 힘 빼고 편하게 써보세요.

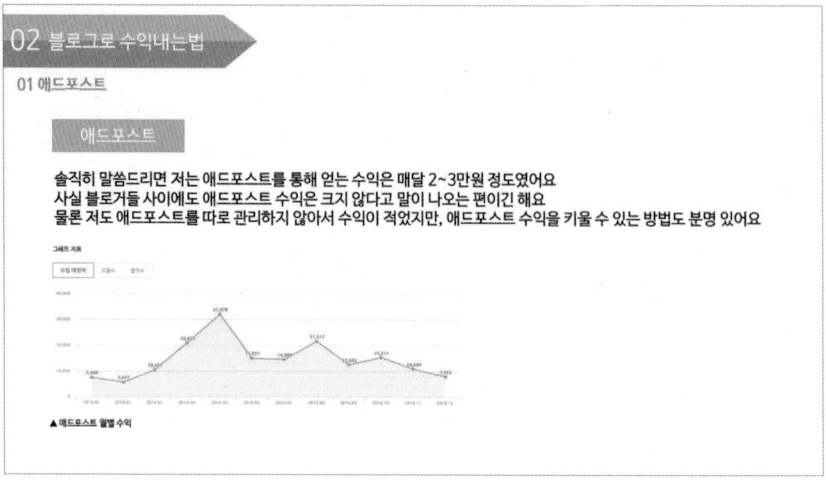
02 블로그로 수익내는법

01 애드포스트

애드포스트

솔직히 말씀드리면 저는 애드포스트를 통해 얻는 수익은 매달 2~3만원 정도였어요
사실 블로거들 사이에도 애드포스트 수익은 크지 않다고 말이 나오는 편이긴 해요
물론 저도 애드포스트를 따로 관리하지 않아서 수익이 적었지만, 애드포스트 수익을 키울 수 있는 방법도 분명 있어요

▲애드포스트 월별 수익

▲ 말하듯 편하게 쓴 블로그 전자책 일부

둘째, **분량 욕심을 버리세요.** 종이책과 달리 전자책에는 정해진 분량이 없습니다. 처음부터 많은 분량을 쓰려고 부담을 갖지 마세요. 전자책 주요 판매 플랫폼인 '크몽'에서 규정한 전자책 최소 분량이 20장 정도입니다. 처음에는 딱 20장 쓰는 것을 목표로 삼아보세요. 고객들이 원하는 핵심 정보만 담겨 있으면 됩니다.

셋째, **글을 쓸 시간과 장소를 확보하세요.** 전자책 쓰기는 미루기 시작하면 끝도 없습니다. 전자책을 만들기로 결심했다면 매일 최소 2시간씩 글 쓸 시간을 마련하세요. 또한 집중이 잘되는 장소에서 글을 써야 합니다. 집에서는 자꾸 TV 보고 싶고 딴짓을 하게 된다면 밖으로 나가세요. 스마트폰은 집에 두고 카페로 가서 노트북만 꺼내 오롯이 글쓰기에만 집중해보세요. 굳이 카페가 아니어도 자신이 집중할 수 있는 환경을 세팅하면 됩니다.

넷째, **수정하지 말고 일단 완성하세요.** 처음부터 완벽하려고 하면 안 됩니다. 어떤 분은 2~3줄 쓸 때마다 앞 문장을 다시 읽어보며 수정합니다. 몇 줄 쓰지도 않고 계속 검토만 하면 진도를 나가지 못합니다. 맞춤법이 틀리고 문장이 어색해도 일단은 계속 써 내려가세요. 처음에는 무조건 완성하는 데에만 초점을 맞추는 겁니다. 일단 완성한 뒤에 글을 다시 읽어보면서 수정하면 됩니다.

이 방법으로 딱 20장짜리 전자책 한 권을 완성해보세요. 이렇게 만든 전자책 하나로 꾸준한 부수입을 얻을 수 있습니다. 실제로 저는 하루 2시간씩 2주를 투자해 완성한 전자책으로 3년째 꾸준한 부수입을 얻고 있습니다.

2주 만에 끝내는 전자책 작성 플랜

1일 차	2~3일 차	4~13일 차	14일 차
전자책 주제 설정	기획안 작성 (경쟁자 조사, 콘셉트 설정 등)	전자책 20장 작성	퇴고

전자책을 쓸 때는 '**주제 정하기→기획안 작성→전자책 쓰기→퇴고**'의 순서로 진행하면 됩니다. 전자책을 처음 쓴다면 딱 20장을 목표로 써보세요. 쓰는 동안에는 문장이 어색하거나 맞춤법이 틀려도 개의치 말고 일단 완성을 목표로 계속 씁니다. 최종 수정은 마지막 퇴고 단계에서 진행하면 됩니다.

📖 잠깐만요　퇴고할 때 알아두면 좋은 TIP

퇴고란? 작성한 글을 다시 읽어보고 문장을 다듬는 과정을 의미합니다. 퇴고를 할 때 알아두면 좋은 TIP에 대해 살펴보겠습니다.

❶ 전자책을 다 쓴 뒤 시간차를 두고 퇴고합니다
최소 6시간 정도 간격을 두고 다시 글을 읽어보세요. 글 쓸 때는 보지 못했던 어색한 문장들이 보일 겁니다. 시간차를 두고 보면 자신의 글을 좀 더 객관적으로 볼 수 있게 됩니다.

❷ 맞춤법, 띄어쓰기를 확인합니다
틀린 맞춤법과 띄어쓰기가 많다면 저자에 대한 신뢰도가 떨어질 수 있습니다. 원고 작성이 끝난 후 맞춤법과 띄어쓰기를 꼭 확인해주세요. 포털에 '맞춤법 검사기'를 검색하면 네이버 맞춤법 검사기를 사용할 수 있습니다.

❸ 전자책의 타깃이 되는 사람에게 피드백을 요청합니다
예를 들어 취업 관련 전자책이라면 취준생에게 피드백을 요청하는 겁니다. 내용 중 이해가 되지 않는 부분은 없는지, 추가 설명이 필요한 부분은 없는지 등을 중점적으로 봐달라고 하면 됩니다. 타깃의 의견을 듣고 전자책을 수정, 보완하면 완성도가 훨씬 높아집니다.

전자책 제작 툴 선택하기

워드 vs 파워포인트

전자책 작성에 사용하는 프로그램으로 워드와 파워포인트가 있습니다. 워드 또는 파워포인트로 전자책을 완성한 후 PDF 파일 형식으로 변환해 고객에게 파일을 전달하면 됩니다. PDF 파일로 변환하는 이유는 수정 불가능한 파일로 전달하기 위함입니다.

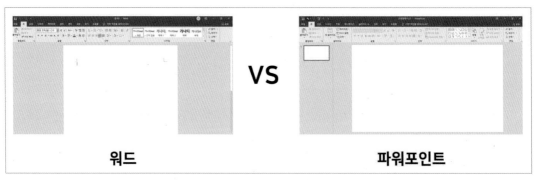

▲ 전자책 작성 도구

전자책이 텍스트 위주로 구성된다면 워드를, 이미지가 많이 들어간다면 이미지 활용도가 높은 파워포인트 사용을 추천합니다. 파워포인트를 활용하여 가로형으로 전자책을 만들어도 상관이 없습니다.

▲ 전자책 완성본 예시

이미지와 폰트 소스

이미지를 사용할 때에는 저작권에 주의해야 합니다. 반드시 상업적으로 무료 이용이 가능한 사진을 사용해야 합니다. 직접 촬영한 사진을 쓰거나, 혹은 무료 이미지 사이트를 활용하면 됩니다. 무료 이미지 사이트에 안내되어 있는 개별 이미지 라이선스 사항을 확인한 후 다운받아 사용하세요.

> **잠깐만요** **플랫폼별 전자책 작성 가이드**
>
> | 크몽 | 탈잉 |
> | --- | --- |
> | - 분량은 표지 및 목차 제외 세로 기준 20p 이상 (가로 기준 30p)
 - 워드 기준 폰트 사이즈 12pt, 줄간격 1.5 | - 분량은 표지 및 목차 제외 세로 기준 20p 이상 (가로 기준 30p)
 - 워드 기준 폰트 사이즈 12pt, 줄간격 1.15 |
>
> 전자책 주요 판매처인 '크몽'과 '탈잉' 내 전자책 규정입니다. A4 사이즈 기준, 폰트 12pt, 줄간격(행간) 1.5 또는 1.15 정도입니다. 최소 분량은 크몽과 탈잉 모두 세로 기준 20장, 가로형 기준으로는 30장입니다. 판매처에서 제시한 분량, 폰트 사이즈 등의 조건을 만족한다면 내용이 동일한 전자책을 여러 판매처에 등록하여 판매할 수도 있습니다.

무료 이미지 사이트
- 언스플래쉬: unsplash.com
- 픽사베이: pixabay.com

▲ 무료 이미지 사이트(픽사베이)

폰트 역시 상업적으로 무료 사용 가능한 폰트를 사용해야 합니다. 무료 폰트를 따로 다운받아 사용해주세요. 무료 폰트 사이트에 안내되어 있는 개별 폰트 라이선스 사항을 확인 후 다운받아 사용하면 됩니다.

TIP

전자책 작성 시 가독성이 좋은 무료 폰트로 나눔고딕, 나눔바른고딕, 나눔스퀘어를 추천합니다. 네이버 나눔글꼴 사이트에서 다운받아 사용할 수 있습니다.

무료 폰트 사이트
- 눈누: noonnu.cc/index
- 네이버 나눔글꼴: hangeul.naver.com/font

잠깐만요 전자책 표지 만드는 법

전자책은 정보전달 자체가 목적이기에 표지 디자인이 중요하지는 않습니다. 표지를 디자인하고 싶다면 무료 이미지 혹은 무료 템플릿 등을 사용해 간단하게 만들어보세요. 뒷부분에서 무료 디자인 템플릿 사이트를 사용하는 법을 안내드릴 예정입니다.

무료 디자인 템플릿 사이트
- 미리캔버스: www.miricanvas.com/templates

PDF 파일로 변환하기

워드 또는 파워포인트로 전자책을 제작한 후에는 수정이 불가능한 PDF 파일로 변환하여 전자책 구매자에게 전달하면 됩니다. PDF 파일로 변환하는 방법을 알아보겠습니다.

무작정 따라하기 | **PDF 파일로 변환하기 (워드 편)**

01 워드 상단 메뉴 중 [파일]을 클릭합니다.

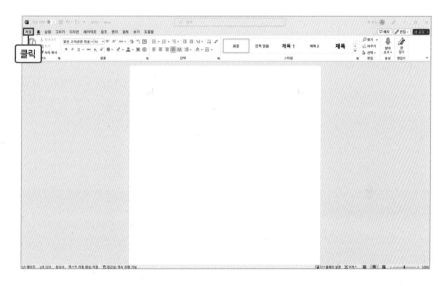

02 [다른 이름으로 저장] 클릭 후 [찾아보기]를 클릭해 저장할 위치를 선택합니다. 파일형식을 [PDF]로 설정한 뒤 저장하면 됩니다.

| **PDF 파일로 변환하기 (파워포인트 편)**

01 파워포인트 상단 메뉴 중 [파일]을 클릭합니다.

02　[다른 이름으로 저장] 클릭 후 [찾아보기]를 클릭해 저장할 위치를 선택합니다. 파일형식을 [PDF]로 설정한 뒤 저장하면 됩니다.

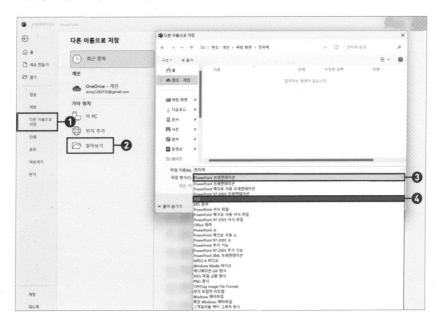

📖 잠깐만요　**원본 파일과 PDF 파일의 차이**

전자책은 파워포인트 혹은 워드를 사용해 제작한 후 PDF 파일로 변환하여 구매자에게 발송하면 됩니다.
전자책은 판매를 시작한 후에도 자유롭게 내용을 수정할 수 있다는 장점이 있습니다. 원본 파일을 보관하면 추후에도 내용을 수정하거나 추가하여 전자책 업데이트를 할 수 있습니다. 원본 파일의 내용을 보완한 후 다시 PDF 파일로 변환해서 구매자에게 전달하면 됩니다.

03

고객 만족도를 높이는 전자책 작성법

방구석투잡러 조야

출판 취미·클래스

⭐ 만족도 5.0 (202개)

🏅 누적 액수 2억원+

👥 서포터 2,005명

▲ 와디즈 전자책 펀딩 만족도 내역

만족도 높은 전자책을 만드는 비밀을 알려드리겠습니다. **제 전자책이 좋은 평가를 받을 수 있었던 가장 큰 이유는 바로, '가성비' 때문인데요!** 사람들은 전자책을 구매하고 가격 대비 구성이 좋다고 느끼면 만족합니다.

그렇다면 사람들이 가성비가 좋다고 느끼려면 전자책을 어떻게 구성해야 할까요? 단순히 정보를 나열하는 것보다, 짜임새 있는 구성을 만들어야 합니다. 바로, **서론, 본론, 결론 3가지 파트로 나눠 구성하면 됩니다.** 2000권의 전자책을 판매하면서 좋은 후기들을 쌓을 수 있었던 전자책 구성법을 알려드립니다.

1 서론 구성

전자책의 시작 부분에는 서론 파트를 구성합니다. 서론에는 저자의 경력, 전자책을 쓰게 된 동기, 이 전자책으로 얻을 수 있는 것, 이 3가지를 꼭 넣어야 합니다. 분량은 길 필요 없으며 딱 한 장만 써도 됩니다. 서론을 통해 저자에 대한 신뢰도를 높이고, 이어질 내용에 대한 궁금증을 유발할 수 있습니다.

- **저자의 경력**: 전자책 주제와 관련하여 저자가 어떤 경험을 했는지, 혹은 어떤 경력이 있는지를 소개합니다.
- **전자책을 쓰게 된 동기**: 이 전자책을 왜 작성했고, 어떤 사람들에게 도움이 될 수 있을지를 설명합니다.
- **이 전자책으로 얻을 수 있는 것**: 이 전자책에서는 어떤 내용을 다루고 있고, 사람들이 얻어갈 수 있는 것은 무엇인지 작성합니다.

예시

'블로그 전자책' 서론을 작성한다면?

- **저자의 경력**

  저는 블로그로 월 00만 원 이상 버는 경험을 해봤습니다.

- **이 전자책을 쓰게 된 동기**

  블로그에 관심은 있으나 방법을 몰라 어려워하는 분이 많아 누구든 쉽게 따라 할 수 있도록 이 전자책을 만들게 되었습니다.

- **이 전자책으로 얻을 수 있는 것**

  누구나 손쉽게 수익형 블로그를 만들어갈 수 있도록 저만의 노하우를 이 전자책에 모두 담았습니다.

'연애 전자책' 서론을 작성한다면?

- **저자의 경력**

  저는 7년 연애 끝에 결혼을 앞둔 예비 신부입니다.

- **이 전자책을 쓰게 된 동기**

  지금은 좋은 사람을 만나 많은 사람들의 축복을 받고 있지만 그 과정이 순탄치만은 않았습니다. 20대 때 연애 실패를 거듭하며 많은 고생을 했습니다. 그 과정에서 책도 읽고 주변의 조언도 구하며 결국 연애 잘하는 법에 대한 저만의 공식을 세울 수 있었습니다. 주변에서 연애 문제로 마음고생하는 분들을 많이 봐왔고, 그런 분들을 위해 연애 잘하는 노하우를 알려드리고자 합니다.

- **이 전자책으로 얻을 수 있는 것**

  저의 현실 경험을 토대로 얻은 좋은 사람 구별하는 10가지 방법, 절대 만나면 안 되는 사람 유형, 연인 관계를 잘 이끌어가는 방법 등 모든 노하우를 알려드리겠습니다.

취업 전자책 서론을 작성한다면?

- **저자의 경력**

  3년이라는 긴 취업 준비 기간 끝에 지원했던 대기업 4곳에 모두 합격했습니다.

- • **이 전자책을 쓰게 된 동기**

  잘못된 방법으로 취업 준비를 하게 되면 준비 기간은 계속해서 늘어날 수밖에 없습니다. 저는 취업을 준비하는 3년의 대부분을 잘못된 방법으로 접근하여 계속 탈락했지만, 합격 노하우를 정립한 뒤에는 곧바로 최종 합격이라는 결과를 얻을 수 있었습니다. 취업 준비로 고생하는 분들을 위해 합격으로 가는 취업 준비 방법을 알려드리려고 합니다.

- • **이 전자책으로 얻을 수 있는 것**

  자소서, 인적성, 면접을 어떻게 준비해서 동시에 대기업 4곳에 합격할 수 있었는지에 대해 알려드리겠습니다.

구성한 내용을 토대로 실제 서론을 작성한 사례입니다.

안녕하세요. 저는 블로그 하나로 놀고먹으며 월 80만 원 이상의 수익을 내고 있는 평범한 20대입니다.

처음에는 단순히 취미로 블로그를 시작했지만, 우연히 블로그를 통해 글 하나만으로도 손쉽게 돈을 벌고, 제품까지 협찬받을 수 있다는 놀라운 사실을 알게 되었습니다. 놀고먹는 블로그 만들기, 방법을 알면 쉽지만 모르면 어렵습니다.

방법을 몰랐을 때는 저 또한 블로그 수익이 0이었으나 수많은 시행착오 끝에 안정적으로 꾸준히 수익 내는 법을 터득하였습니다.

이 전자책을 보신 분들은 최대한 시행착오 없이 단 2주 만에 손쉽게 수익형 블로그를 만들 수 있도록 지금껏 얻은 저만의 노하우를 이 자료에 모두 담았습니다.

2 본론 구성

서론 다음에는 본론이 이어집니다. 기획안을 쓰며 목차로 구성한 내용을 본론에서 풀어서 작성하면 됩니다. 본론을 작성할 때 참고하면 좋은 글쓰기 원칙 5가지를 알려드리겠습니다.

첫째, **쉬운 단어를 사용하세요.** 전자책에 들어가는 모든 말을 쉽게 풀어서 써야 합니다. 왕초보 입장에서 생각해보세요. 전자책에 어려운 전문용어가 많아 내용을 이해하기 어렵다면 잘 샀다는 느낌을 받기 어려울 겁니다.

하지만 많은 분이 전문용어를 설명 없이 무심코 사용합니다. 자신이 아는 건 당연히 남들도 알 거라 착각하기 때문이죠. 내 전자책을 구매하는 사람들은 내가 쓴 주제에 대해 잘 모릅니다. 중학생이 봐도 이해할 수 있도록 쉬운 단어들을 사용하세요. 만약 전문용어를 쓴다면 누구든 쉽게 이해할 수 있도록 풀어서 설명해주세요. 예를 들어 '큐시트'는 '일정표'로, '파닉스'는 '발음'으로, 'NFT 민팅'은 'NFT 구매'라고 쓰면 초보자도 이해하기 쉽겠죠.

02 블로그로 수익내는법

CPA알바란?

CPA는 COST PER ACTION의 약자로,
광고주가 원하는 홍보게시글을 작성 후 누군가가 구매 또는 상담신청과 같은 액션을 했을 경우 수익을 얻을 수 있는 재택알바

진행방식 :
CPA사이트에서 제공하는 제품에 대한 상세정보,
컨텐츠 가이드라인을 참고하여 블로그에 홍보글을 작성

누군가가 블로그글을 보고 실제로 바로 구매로 이어지는 것은
아주 어려운 일이므로, 상담신청 시 수익을 내는 CPA알바를 추천

▲ 마케팅 전문용어 'CPA'에 대한 설명 예시

둘째, **경험담을 넣으세요.** 사람들은 인터넷에 오픈되어 있는 정보보다 저자가 직접 경험해서 얻은 정보의 가치를 더욱 높게 평가합니다. 전자책의 모든 내용이 경험담일 필요는 없지만 경험담이 들어가면 전자책의 가치는 분명히 훨씬 높아집니다. 검색해서 나오는 정보는 기본, 실제로 경험해서 얻은 노하우가 있다면 전자책 본론에 반드시 넣어주세요!

예시

- 유튜브 전자책을 만든다면?
  - 인터넷에 오픈된 정보: 유튜브 채널 개설하는 방법, 수익 창출 기준
  - 저자의 경험담: 구독자를 늘린 방법, 조회수 늘린 대표 이미지 제작법

- 자격증 따는 법 전자책을 만든다면?
  - 인터넷에 오픈된 정보: 자격증 시험 일정, 자격증 시험 과목, 자격증 시험 문항
  - 저자의 경험담: 나만의 공부 루틴, 공부법, 시간관리법, 강의 및 교재 리스트 추천

셋째, **구체적으로 말해주세요.** what to do(무엇을 하라)까지만 설명하고, how to do(어떻게 하라)를 설명하지 않는 경우가 많습니다. 똑같은 말을 하더라도 어떻게 하면 되는지까지 구체적으로 알려줘야 사람들이 꿀팁으로 느끼게 됩니다.

- 글을 꾸준히 써라!
  ➡ 글은 하루에 15분씩 꾸준히 써라!
- 사람들이 적게 검색하는 키워드를 찾아라
  ➡ 사람들이 1000회 미만으로 검색하는 키워드를 찾아라!
- 다리 근력 운동은 자주 해야 한다!
  ➡ 다리 근력 운동은 최소 주 3회 이상, 하루 30분씩 자주 해야 한다!

넷째, **사례와 예시를 추가하세요.** 사례와 예시를 활용하면 이해가 훨씬 쉬워집니다. 연애 전자책을 봤는데 '이성에게 먼저 호감을 표현하세요'라고만 설명되어 있다면, 뜻은 이해하나 실제 상황에서 어떻게 써먹어야 할지 감 잡기가 어렵겠죠. 상황별 멘트를 예시로 보여준다면 이해하기가 훨씬 더 쉬워질 겁니다. 사례나 예시가 있다면 반드시 활용해보세요.

- 합격하는 자소서 작성법이라면?
  - '자소서는 두괄식으로 써야 합니다'와 같은 작성 원칙 설명 + 실제로 작성한 자소서 사례 보여주기

- 디자인 잘하는 법이라면?
  - 디자인할 때 중요한 원칙 설명 + 실제로 디자인하는 과정을 하나씩 캡처해서 보여주기

다섯째, **생색내세요.** 단순히 검색해서 얻은 정보가 아닌, 직접 경험해서 얻은 정보에 대해서는 생색을 내도 됩니다. 약간의 생색은 전자책 내용을 어필하는 데에 도움이 됩니다.

- 타 강사들도 쉽게 공개하지 않는 꿀팁입니다.
- 인터넷 검색으로도 이런 정보는 쉽게 얻을 수 없을 겁니다.
- 대부분 ~를 걱정하시는데 이 방법을 쓰면 해결 가능합니다.

3 결론 구성

- 요약 정리
- 당부의 말
- 전자책을 통해 얻을 수 있는 효과

마지막 결론 파트입니다. 결론에서는 전자책 내용을 요약 정리하고 간단한 당부의 말과 이 책을 통해 얻을 수 있는 효과를 언급하며 마무리합니다.

예시

블로그 전자책의 결론을 작성한다면?

- **요약 정리**
  지금까지 블로그로 수익을 내는 여러 가지 방법에 대해 알아봤습니다.
- **당부의 말**
  사실 가장 중요한 것은 실천입니다.
- **이 책을 통해 얻을 수 있는 효과**
  여러분이 이 전자책을 보고 실천에 옮긴다면, 실제로 블로그를 통해 새로운 수익 파이프라인을 얻을 수 있을 것입니다.

잠깐만요 보너스로 QnA 추가하기

추가로 알려주고 싶은 내용이나 사람들이 많이 질문하는 내용들을 마지막에 QnA 형태로 추가해보세요! 사람들의 궁금증을 해결해주어 만족도가 더 올라가게 됩니다.

▲ 전자책 QnA 파트

내 전자책만의 특별한 무기를 만드는 법

전자책 시장에는 비슷한 전자책이 많습니다. 그래서 자신의 전자책이 다른 전자책과 별다를 게 없지 않을까 고민하는 분도 많습니다. 하지만 분명 자신의 전자책을 돋보이게 만드는 방법이 있습니다. 어떻게 하면 다른 전자책에는 없는, 내 전자책만의 특별한 무기를 만들 수 있을까요?

바로, 자신만의 이론이나 플랜을 만들면 됩니다! 사람들은 저자가 직접 만든 이론 및 플랜을 접할 때 다른 곳에서 전혀 본 적 없는 새로운 정보라고 인지하게 됩니다.

경제·경영 부문에서 오랜 기간 베스트셀러에 올랐던 빌 비숍의 《핑크펭귄》이라는 책이 있습니다. 똑같아 보이는 펭귄 무리 속에서 돋보이는 핑크펭귄 같은 존재가 되라는 메시지를 전달하는 책입니다. 즉, 차별화해야 한다는 뜻이죠. 차별화가 필요하다는 일반적인 메시지를 '핑크펭귄'이라는 이론으로 만들어 제시하여 사람들에게 각인된 사례입니다.

똑같은 정보라도 자신만의 이론 또는 플랜으로 만들어 전달하면 사람들은 특별하게 느낍니다. 실제로 유명한 저자들, 강사들이 이미 쓰고 있는 방법이죠. 잘 팔리는 전자책 혹은 강의 목차를 살펴보세요. 분명 해당 저자 혹은 강사만의 이론이 하나쯤은 있을 겁니다. 지금까지 이런 방법에 대해 알려주는 사람은 없었을 겁니다. 엄청난 꿀팁이니 알려드리는 방법들을 적용해 본인만의 이론, 플랜을 꼭 한번 만들어보시길 바랍니다. 다른 전자책에는 없는 특별한 무기가 될 겁니다.

1 나만의 이론 만들기

특정 개념이나 원칙을 설명하기 위한 자신만의 이론을 만드는 방법입니다. 나만의 독창적인 이론을 제시하면 사람들은 어디에서도 접해보지 못한 새로운 정보로 여기게 됩니다.

<이론을 만드는 과정>

1단계		2단계		3단계
전달하고 싶은 메시지 정하기	➡	떠오르는 단어, 문장 나열해보기	➡	나만의 이론 이름 붙이기

이론은 아래와 같은 과정을 거쳐 만듭니다.

첫 번째, 전달하고 싶은 메시지를 설정합니다.

두 번째, 메시지와 관련된 단어나 문장을 나열해봅니다. 머릿속에 떠오르는 물건, 동물, 알파벳 등 무엇이든 상관없습니다.

세 번째, 단어들을 조합해 나만의 이론 이름을 붙여봅니다.

> **예시**
>
> • 핑크펭귄 이론: 다 똑같이 생긴 검은 펭귄들 사이에서 튀는 존재, 즉 동일한 업종에서 기발한 아이디어로 돈을 버는 튀는 존재가 되어야 한다는 이론
> • 눈덩이 이론: 작은 눈덩이를 굴려 큰 눈덩이가 되듯, 작은 습관 하나가 큰 변화를 불러일으킬 수 있다는 이론

2 N단계·N가지 법칙 만들기

자신만의 N단계, N가지 법칙을 만들어 설명하는 방식입니다. 원하는 성과를 얻기 위해 필요한 N단계 또는 N가지 방법을 만들어 제시하면 됩니다.

> **예시**
>
> • 글쓰기 7단계 법칙
> • 원하는 이성을 사로잡는 8단계 법칙
> • 합격하는 자소서 작성을 위한 4가지 법칙

❸ 나만의 플랜 만들기

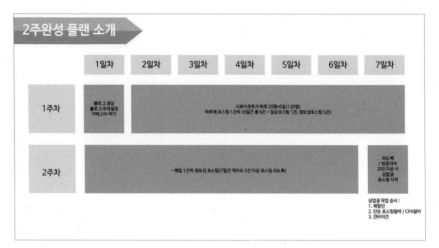

▲ 블로그 2주 완성 플랜 예시

나만의 플랜을 만드는 것도 방법이 될 수 있습니다. 대다수 사람들이 전자책을 다 보고 머리로는 내용을 이해했으나 실행을 어려워하곤 합니다. 그런 분들을 위해 아예 액션플랜(일정표)을 만들어 제시하는 겁니다. 액션플랜까지 제시해주는 전자책은 정말 드물기 때문에 이것만으로도 사람들로부터 좋은 평가를 받을 수 있게 됩니다.

제 블로그 전자책이 좋은 평가를 받을 수 있었던 이유도 여기에 있었습니다. 블로그 수익화를 위한 '2주 액션플랜'을 만들었고, 플랜까지 제시해주는 전자책은 처음이라며 만족하는 분들이 많았습니다.

05

술술 읽히는 전자책 만들기!
가독성 높이는 법

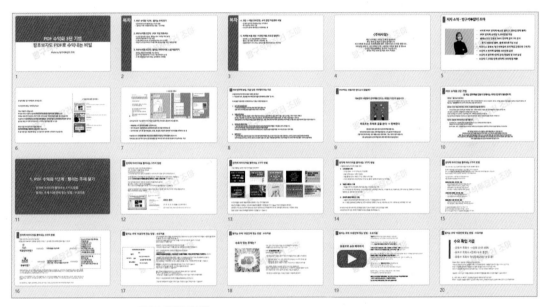

▲ PPT로 제작한 전자책

가독성이란, 글이 얼마나 쉽게 잘 읽히는지를 말합니다. **아무리 내용이 좋아도 가독성이 떨어지면 읽기 싫은 글이 됩니다.** 잘 읽히는 전자책을 만들려면 어떻게 해야 할까요?

제 전자책은 '내용 정리가 잘되어 있다, 후루룩 읽힌다' 등 가독성에 대해 좋은 평가를 받는 편입니다. 전자책을 구매한 지 1분 만에 이런 평가들이 올라오기도 하는데요. 사람들이 전자책을 훑어보기만 하고도 가독성이 좋아 긍정적인 평가를 남겨준 것이죠.

▲ 가독성 높이는 구성 전과 후 비교

전자책의 가독성을 높이기 위해서는 몇 가지 방법만 알고 적용하면 됩니다. 전자책에 최적화된, 보기만 해도 술술 쉽게 읽히는 전자책 만드는 비밀을 알려드리겠습니다.

1 문단 나누기

전자책은 A4 용지 사이즈로, 종이책의 1.3배 정도 되는 크기입니다. 사이즈가 넓은 공간에 여백 없이 글만 빽빽하게 들어간다면 글을 읽을 때 피로도가 올라가게 됩니다. 3~5행 단위로 문단을 나눠보세요. 문단 사이에 충분한 여백이 있을 때 시선이 집중되고 훨씬 잘 읽힙니다.

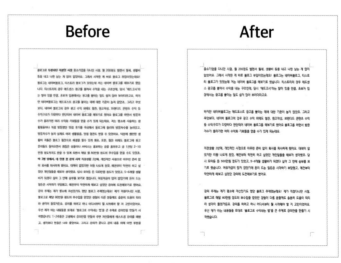

▲ 문단 나누기 전과 후 비교

2 소제목 활용

소제목을 추가하면 각 파트에서 어떤 내용을 다루는지 핵심이 한눈에 보이게 됩니다. 소제목에는 획이 굵어 눈에 잘 보이는 제목용 폰트 사용을 추천합니다. 소제목은 본문과 구분되도록 본문 폰트보다 4~12pt 정도 크기를 키우는 것이 좋습니다.

▲ 소제목 활용 전과 후 비교

TIP

전자책 제목용 폰트로 배달의민족 한나는 열한살, 배달의민족 도현체, 배달의민족 주아체, 티몬 몬소리체 등을 추천합니다.

3 핵심 키워드 강조

핵심 키워드나 문장은 잘 보이게 강조해주세요. 폰트를 굵게 표시하거나 색상을 변경해서 강조하면 됩니다. 이렇게 강조하기만 해도 글을 읽는 사람이 중점을 더 빠르게 찾을 수 있습니다.

▲ 핵심 키워드 강조 전과 후 비교

TIP

핵심 키워드를 강조할 때 색상은 1~2개만 사용하세요. 너무 많은 색상을 사용하면 오히려 중구난방으로 보일 수 있어요!

PART 2

4 시각 자료 활용

많은 분이 글 위주로 전자책 내용을 채웁니다. 하지만 텍스트만 많으면 읽는 도중에 집중도가 떨어질 수 있습니다. 내용 흐름과 어울리는 사진을 함께 활용하면 가독성이 올라갑니다. 일반적으로 글보다는 사진에 더 쉽게 눈이 가기 때문에 사진을 활용해 시선을 사로잡고 그 아래에 글을 쓰는 방식으로 구성하면 좋습니다. 시각 자료를 활용하는 3가지 방법을 소개합니다.

첫째, **통계 자료를 활용합니다.** 통계 자료를 활용하면 가독성뿐 아니라 글의 신뢰도도 올라가게 됩니다. 예를 들어 '블로그는 효율적인 광고 매체입니다'라고만 쓰는 것보다 블로그 사용률이 실제로 높다는 통계 자료를 함께 보여주면 신뢰도가 훨씬 더 올라가게 되죠. 전달하려는 메시지를 뒷받침할 수 있는 통계 자료가 있다면 적극 활용해보세요.

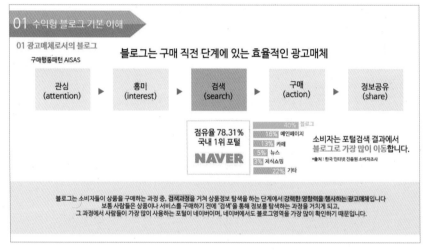

▲ 통계 자료를 활용한 블로그 전자책 일부

둘째, **사진을 첨부합니다.** 인증할 수 있는 후기 사진이 있다면 전자책에 꼭 활용해보세요. '협찬받는 법'을 알려준다면 실제로 협찬받았던 사진을 인증하고, '공부 잘하는 법'을 알려준다면 필기 사진 혹은 합격증 등을 함께 넣으면 좋습니다. 사실을 입증할 수 있는 사진을 제시하면 내용에 대한 신뢰도가 올라갑니다.

사용법을 알려줄 때에도 과정을 사진으로 직접 보여주세요. 사이트 활용법, 어플 활용법 등을 알려줄 때 화면을 다 캡처해서 알려주는 겁니다. 실제 화면을 보여주며 설명하면 텍스트로만 설명하는 것보다 이해하기가 쉬워집니다.

▲ 사진을 첨부한 블로그 전자책 일부

셋째, **도식화합니다.** 글로만 풀어서 전달하기보다, 표를 만들거나 도식화하면 내용이 한눈에 잘 들어오게 됩니다.

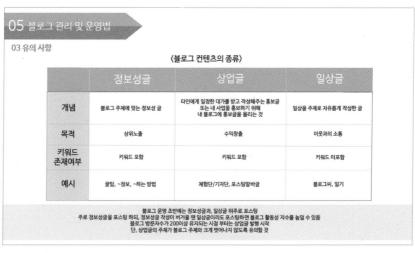

▲ 내용을 표로 도식화한 블로그 전자책 일부

06

전자책 저작권 보호하기

저작권이란 창작물에 대하여 저작자가 가지는 권리를 뜻합니다. 사실 저작권은 창작물을 만들면 자동으로 저작권자에게 부여됩니다. 하지만 혹시라도 전자책이 무단으로 사용되는 일을 방지하기 위해 보호장치를 심어둘 필요가 있습니다. 이제부터 전자책의 저작권을 보호하기 위한 보호장치를 심는 방법에 대해 알아보겠습니다.

1 워터마크 삽입하기

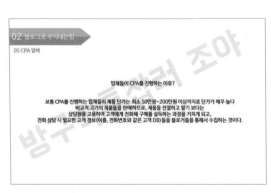
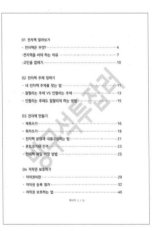

▲ 전자책에 워터마크를 삽입한 모습

워터마크는 불법 복제를 막기 위해 남기는 표시입니다. 전자책 배경에도 작성자의 표식을 삽입할 수 있습니다. 워터마크를 삽입해두면 타인이 허락 없이 불법 복제하여 사용했을 때 해당 마크로 자신의 소유임을 밝힐 수 있습니다. 이렇게 워터마크를 사용하는 것만으로도 1차적으로 보호할 수 있게 됩니다.

01   워드 상단 메뉴에서 [디자인]→[워터마크]→[사용자 지정 워터마크]를 클릭하세요.

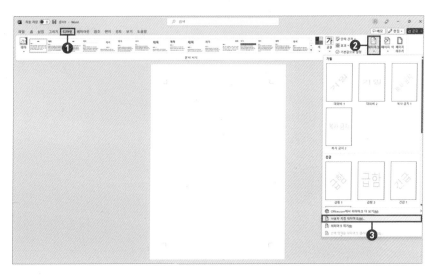

02   [텍스트 워터마크]에 체크하고, '텍스트' 항목에 브랜드명 혹은 자신의 닉네임을 입력
하세요. '글꼴'은 상업적으로 사용 가능한 무료 폰트로 설정하고, '색'은 회색으로 설정
한 후 [적용]을 클릭하세요.

01 파워포인트 상단 메뉴에서 [보기]→[슬라이드 마스터]를 클릭하세요.

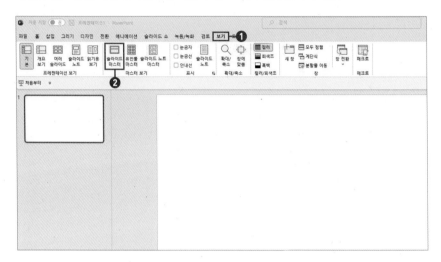

02 슬라이드 마스터 첫 번째 장을 선택하고, 파워포인트 상단 메뉴의 [삽입]→[텍스트 상자]를 클릭하여 브랜드명 또는 닉네임을 입력하세요. 상업적으로 사용 가능한 무료 폰트, 회색 색상으로 입력하면 됩니다.

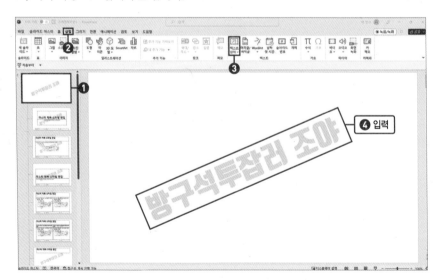

03 상단 메뉴에서 [슬라이드 마스터]→[마스터 보기 닫기]를 클릭합니다.

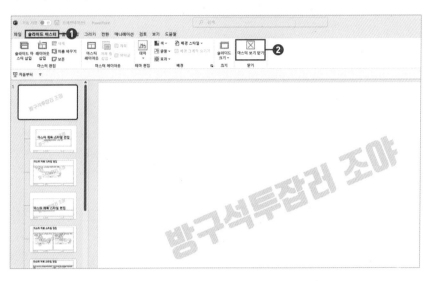

2 저작권 보호 문구 넣기

전자책에 저작권 관련 안내사항을 직접 기입하는 방법도 있습니다. 보통 전자책을 악용하려는 마음으로 무단 배포하는 경우는 흔치 않습니다. 저작권에 대한 사실을 잘 모른 채 주변에 전자책을 공유하는 경우가 생길 수 있는데요, 이런 경우 **저작권에 대한 경고 문구로 저작권에 대해 인지시킬 수 있습니다.** 전자책 마지막에 아래와 같이 무료 폰트를 사용했음을 밝히고, 저작권 보호 문구를 추가하면 됩니다.

- 이 자료에는 네이버에서 제공한 나눔글꼴이 적용되어 있습니다.
- 이 자료는 대한민국 저작권법의 보호를 받습니다. 작성된 모든 내용의 권리는 작성자에게 있으며, 저작자의 승인 없는 모든 사용이 금지됩니다. 이 자료의 일부 혹은 전체 내용을 무단으로 복제, 배포, 2차적 저작물을 작성할 경우 5년 이하의 징역 또는 5천만 원 이하의 벌금과 민사상 손해배상을 청구합니다.

3 저작권 등록하기

한국저작권위원회 사이트에 저작권을 등록할 수도 있습니다. 사실 저작권은 창작물을 만드는 즉시 자동으로 권리가 부여됩니다. 하지만 혹시라도 **추후에 문제가 발생했을 때 저작자의 권리를 확실하게 주장하기 위해 직접 사이트에 저작권을 등록**해두는 방법이 있습니다.

한국저작권위원회 사이트에서 '어문저작물'로 전자책 저작권 등록을 하면 됩니다. 저작권 등록 시 2~3만 원 정도의 비용이 발생할 수 있습니다. 저작권 등록은 추후 문제가 발생했을 때를 대비하기 위한 선택사항으로, 필수는 아닙니다.

📖 무작정 따라하기 │ 한국저작권위원회 사이트에 저작권 등록하기

01 한국저작권위원회 사이트(www.cros.or.kr)에 접속하여 회원가입 후 [일반저작물 등록]을 클릭합니다.

02 좌측 메뉴에서 [저작권(일반, 예: 어문, 미술 등) 등록]을 선택하고 [온라인 등록신청]을 클릭합니다.

03 최초로 저작권을 등록하는 것이므로 [아니요]를 선택하고 [다음]을 클릭하세요.

04 '저작권 등록 신청서'의 인적사항을 작성합니다.

신청인(등록권리자) * 인공지능(AI)은 저작(권)자/인접권자/데이터베이스제작자가 아닙니다.	
* 성명 (한글)	
성명 (한자)	
성명 (영문)	예) Hong Gil Dong
* 국적	대한민국 ▼
우편번호	우편번호 찾기
* 주소	
* 전자우편주소	@ naver.com 네이버메일 ▼
* 휴대전화	010 ▼ - -
전화번호 (자택)	02 ▼ - -
전화번호 (회사)	02 ▼ - -
수수료 면제 대상	◉ 해당사항 없음 ○ 생계급여 대상 ○ 의료급여 대상 저작권법 시행규칙 제23조(수수료)2항에 따라 면제횟수는 연간 10회로 제한합니다.

* 공동저작자는 다음페이지에 추가 입력하실 수 있습니다.

입력

PART 2

111

05 '저작권 등록 신청명세서' 항목을 입력합니다.

저작권 등록 신청명세서

❘ 저작물에 대한 정보를 입력하는 저작권등록신청명세서/프로그램의 개요의 작성 페이지 입니다. 작성된 내용은 등록이 완료된 후에는 다시 변경할 수 없으니, 이점 유의해서서 작성해 주시기 바랍니다.

❘ **저작물** ＊인공지능(AI)를 이용한 창작물은 등록대상이 아닙니다. ∧

＊제호 (제목)	예) Candy(사탕)
	＊외국어 제목은 한글을 함께 기재.
＊종류	-선택- ▼ -선택- ▼ -선택- ▼
＊내용	저작물에 대한 상세설명을 기재
	＊충분한 설명이 돼도록 자세히 기재(1000자 이하) Byte =0/ 3000 (한글 1글자 3Byte)
	＊여러 건 신청 시 각 저작물마다 내용은 상이하게 기재

입력

저작물정보 숨기기

📖 **잠깐만요** **'저작권 등록 신청명세서'는 이렇게 작성하세요**

· 제호: 전자책 제목 입력
· 종류: [어문저작물] - [기타]
· 내용: 전자책에 대한 설명을 입력합니다. 목차 내용을 작성해도 됩니다.

06 '등록사항'을 입력하고 전자책 파일을 업로드한 후 [저장]을 클릭하세요.

📖 **잠깐만요** **'등록부문' 항목 자세히 알아보기**

• 계속적간행물여부: 정기적으로 발행하는 간행물인지 묻는 항목으로, 전자책 단권의 경우 '아니요'를 선택하면 됩니다.

• 공표여부: 공중에 저작물을 공개할지 여부를 묻는 항목입니다. 단순히 저작권 등록이 목적이라면 '아니요'를 선택하세요.

• 등록의 내용: '공표여부'에서 '아니요'를 선택했다면, 이 항목은 '저작자 성명, 창작연월일'을 선택합니다.

07 신청서를 정확히 작성했는지 확인하는 페이지입니다. [작성서류확인]을 클릭해 신청서 및 첨부서식을 확인하고, [복제물확인]을 클릭해 복제물 내용까지 확인한 후 [다음]을 클릭합니다.

08 알림메시지 내용을 확인하고 이상이 없다면 [예]를 클릭합니다.

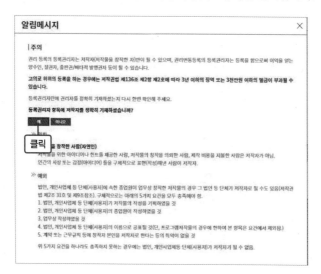

09 저작권 등록 수수료를 확인하고 해당 항목을 선택한 후 [확인]을 클릭하여 본인 인증 및 결제를 진행합니다.

잠깐만요 저작권 등록의 효과

저작권은 저작물을 만든 때부터 발생하며 절차 없이도 자동으로 권리가 생성됩니다.

하지만 전자책의 저작권 침해가 발생하면 권리자는 본인이 주장하는 사실을 직접 입증해야 합니다. 저작권을 등록했을 경우 등록된 추정 사실에 대한 입증 책임을 면하게 됩니다.

저작권 침해 발생 시 민사소송에서는 본인이 받은 손해를 입증해야 그에 상응하는 손해배상을 받을 수 있습니다. 미리 저작물을 등록했다면 실손해를 입증하지 않은 경우에도 저작권법에서 정한 일정한 금액(저작물마다 1천만 원, 영리를 목적으로 고의로 침해한 경우 5천만 원 이하)을 손해액으로 인정할 수 있도록 하는 법정 손해배상제도를 이용할 수 있습니다.

PART **3**

판매하기: 전자책으로 매달 월급 벌기 도전!

전자책을 완성했으니 이제 본격적으로 판매할 차례입니다.

전자책의 구매 결정에 큰 영향을 미치는 요소는 전자책 소개 글(상세페이지),

대표 이미지, 가격, 후기 등입니다.

실제로 판매가 매우 저조했던 전자책이 이 요소들만 바꿔 매출이 10배 이상

늘게 된 사례도 존재합니다.

각 요소를 매력적으로 구성해 구매를 이끌어내는 방법에 대해 알아보겠습니다.

누구든 쉽게 따라 할 수 있는 마케팅 방법은 덤!

전자책,
어디에서 어떻게 팔릴까?

전자책 판매처별 특징 및 공략법

전자책 작성이 끝나면 이제 전자책을 판매할 차례입니다. 전자책 판매 루트에는 크게 3가지가 있습니다. 재능마켓, 펀딩, 직접 판매입니다. 각 루트별 특징과 공략법에 대해 알아보도록 하겠습니다.

재능마켓

TIP

하나의 전자책을 다양한 재능마켓에 등록할 수 있습니다. 어떤 판매처에서 반응이 가장 좋을지는 직접 등록해 봐야 알 수 있습니다. 등록하는 데에는 비용이 들지 않습니다.

재능마켓은 강의, 컨설팅, 전자책 등 다양한 지식과 재능이 거래되는 곳입니다. 대표적으로 크몽, 탈잉, 클래스101 같은 플랫폼이 있습니다. 재능마켓 내 전자책 거래량은 코로나 팬데믹 이전에 비해 5배 이상 급증했다고 합니다. **유입되는 고객 수가 많기에, 전자책 상품 등록 시 별도의 광고 없이도 판매로 이어질 수 있습니다.** 다만, 재능마켓 판매 수수료가 평균 20% 정도 발생합니다.

펀딩

크라우드 펀딩이란 군중(crowd)을 통한 재원 마련(funding)을 의미합니다. 자신의 아이디어를 온라인에 공개하고 다수로부터 투자를 받는 방식입니다.

잠깐만요 **재능마켓 종류**

· 크몽: kmong.com/knowhow
· 탈잉: taling.me/Home/Search/?classTypeCode=4
· 클래스101: class101.net/store

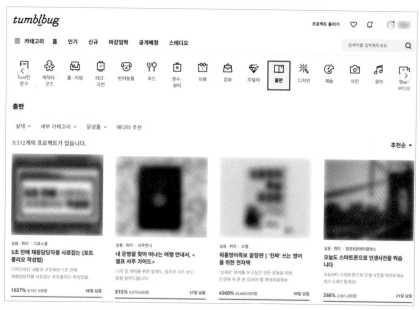

▲ 텀블벅 '출판' 카테고리 영역

전자책을 펀딩한다고 가정해보겠습니다. 전자책은 펀딩 사이트 내 '출판' 카테고리에 펀딩 프로젝트를 등록할 수 있습니다. 전자책 제작에 필요한 목표 금액(예: 본인의 인건비), 전자책 제작 일정, 전자책에 대한 소개를 작성해 펀딩 프로젝트를 등록합니다. 프로젝트 등록 후에는 펀딩 플랫폼 이용자로부터 후원을 받을 수 있게 됩니다. 일정 기간 동안 후원을 받아 목표 금액이 달성되면, 후원해주신 분들께 완성한 전자책을 발송합니다. 단, 목표 금액만큼의 후원이 모이지 않으면 프로젝트는 실패로 돌아갑니다.

📖 잠깐만요 **펀딩 플랫폼별 특징**

각 사이트 내 '출판' 카테고리에서 전자책 펀딩 프로젝트를 등록할 수 있습니다.

· **텀블벅: tumblbug.com**
특히 10~20대 젊은 층을 타깃으로 한 실용적인 주제를 다룬 전자책의 반응이 높은 편입니다. 예를 들어 일상·취미 관련(자취방 구하는 법, 피부 관리법, 다이어트, 여행, 습관, 미용 등), 자격증 따는 법, 취업 준비에 필요한 능력(디자인, 코딩 등) 등이 있습니다.

· **와디즈: www.wadiz.kr**
주로 30대 이상 직장인이 관심을 갖는 부업, 재테크, 창업, 사업, 외국어(영어, 스페인어 등) 주제에 대한 반응이 높은 편입니다.

▲ 텀블벅 전자책 펀딩 사례

대표적인 펀딩 플랫폼으로 와디즈, 텀블벅이 있습니다. 전자책을 완성하기 전에도 프로젝트를 등록해 펀딩을 시작할 수 있으며, 전자책 완성 전 펀딩을 통해 시장의 반응을 테스트해볼 수 있다는 장점이 있습니다.

펀딩은 재능마켓에 비해 경쟁이 적은 편입니다. 또한 일정 기간 동안 1회적으로 진행되기 때문에 같은 기간에 등록된 펀딩 프로젝트들만 경쟁자로 볼 수 있습니다. 만약 비슷한 전자책이 펀딩 중이라면 해당 펀딩이 끝난 이후에 자신의 프로젝트를 등록해 오픈할 수도 있습니다.

다만 펀딩 시 펀딩 중개 수수료가 발생합니다. 판매 금액의 5~20% 정도입니다. 프로젝트 등록 시 어떤 요금제를 선택하느냐에 따라 수수료 비율이 달라집니다.

펀딩 성공률을 높이려면 어떻게 해야 할까요? 첫째, **펀딩 목표 금액은 최소로 설정하는 것이 좋습니다.** 펀딩 플랫폼에서 설정 가능한 최소 목표 금액은 50만 원입니다. 목표 금액이 낮아야 펀딩에 성공할 확률이 높아집니다. 목표 금액을 달성하지 못하면 후원자에게 후원금이 되돌아가며 프로젝트는 취소됩니다. 펀딩 성공을 위해서는 목표 금액을 낮게 설정하는 것이 유리합니다.

둘째, **'공개예정(오픈예정)' 기능을 적극 활용합니다.** 펀딩은 오픈 후 초반 성과가 중요합니다. 실제로 데이터를 보면 프로젝트 론칭 후 3일 내 펀딩 금액의 30% 이상이 모이는 것을 볼 수 있습니다. 그만큼 초반의 성과가 프로젝트 전체 성과의 큰 부분을 차지한다는 뜻이죠.

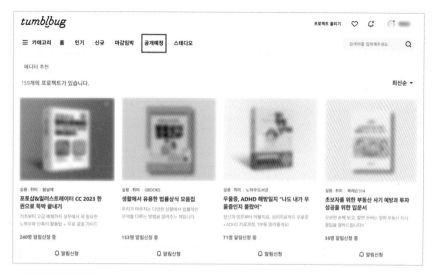

▲ 텀블벅 '공개예정' 영역

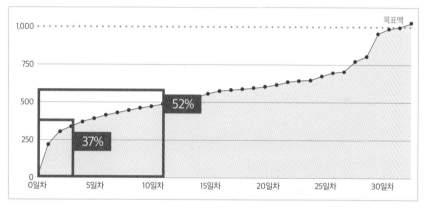

▲ 펀딩 오픈 후 성과 데이터

펀딩 론칭 후 초반 성과를 높이기 위한 방법이 있습니다. 바로 '공개예정' 기능을 활용하는 겁니다. 공개예정 기능이란, 본 펀딩 시작 전 프로젝트를 미리 공개하고 알림 신청을 받는 기능입니다. 본 펀딩을 오픈하게 되면 알림 신청을 한 사람들에게 알림이 갑니다.

실제로 텀블벅에서 공개한 자료에 따르면, 공개예정을 이용한 프로젝트는 이용하지 않은 프로젝트보다 평균 달성률이 약 2.5배, 최대 달성률이 약 13배 높다고 합니다. 공개예정 기능을 사용하는 것만으로도 펀딩 초반 성과를 높이는 데에 도움이 됩니다.

셋째, **공개예정은 2주, 펀딩 기간은 3~4주 정도로 설정하기를 추천합니다.** 기간을 수개월 이상 길게 잡는다고 무조건 펀딩이 잘되는 건 아닙니다. 오히려 결과물을 기다리다 지쳐 펀딩을 취소하는 인원이 발생할 수 있습니다. 그렇다고 기간을 너무 짧게 설정해도 프로젝트가 많은 사람에게 노출될 기회를 놓치게 됩니다.

직접 판매

SNS 채널이나 스마트스토어를 개설해 직접 판매하는 방법도 있습니다. 직접 판매하면 플랫폼 수수료를 내지 않아도 된다는 장점이 있습니다. 이뿐 아니라 자신의 제품만을 판매할 수 있기 때문에 다른 전자책들과 경쟁하지 않아도 됩니다.

다만, **판매가 잘되기 위해서는 별도의 홍보나 마케팅이 필요합니다.** 재능마켓이나 펀딩의 경우 기존 플랫폼 이용자들의 유입만으로도 자신의 상품이 판매될 수 있습니다. 하지만 SNS 채널 혹은 스마트스토어로 직접 판매할 때 홍보, 마케팅을 하지 않으면 많은 고객이 유입되기 어렵다는 단점이 있습니다.

왕초보에게 추천하는 판매 순서

전자책 판매가 처음이라면 다음과 같은 순서로 판매 루트 사용을 추천합니다.

우선 펀딩으로 전자책에 대한 시장 반응을 한번 테스트해봅니다. 펀딩은 전자책 완성 전에도 누구나 조건 없이 등록할 수 있습니다. 펀딩 이후에는 여러 재능마켓 플랫폼에 모두 전자책을 등록해봅니다.

직접 판매는 선택사항으로, 추후에 개인 SNS 채널을 운영하거나 별도의 광고·마케팅 계획이 있다면 시도해보기를 추천합니다.

판매와 직결되는 화면 구성

매달 200만 원씩 팔리는 전자책은 뭐가 다른 걸까요? 전자책을 잘 팔기 위해서는 팔리는 과정을 이해해야 합니다. 전자책은 종이책처럼 서점에서 책을 미리 펼쳐보고 구매할 수 없습니다. 사람들은 온라인 판매처에서 전자책 상품을 클릭하여 나오는 화면을 보고 구매 여부를 결정하죠. 그렇기에 **상품 클릭 시 보이는 화면을 매력적으로 구성하는 것이 중요합니다.**

▲ 파워포인트 전자책 소개 화면

구매자들이 보게 되는 실제 화면은 전자책의 제목, 목차, 대표 이미지, 상세페이지(소개 글 및 이미지), 가격, 후기 등으로 구성되어 있습니다. 화면 속 각 요소들이 구매 결정에 큰 영향을 미치게 됩니다.

실제로 화면 구성을 보완해 대박 난 사례가 있습니다. 주식 전자책을 썼으나 판매가 거의 없어 고민이라며 제게 코칭을 요청한 분이 계셨습니다. 전자책을 읽어보니 감탄스러울 정도로 내용이 좋았습니다.
하지만 알찬 전자책 내용에 비해 소개 글과 이미지로 구성되는 상세페이지는 거의 비워두다시피 한 상태였습니다. 후기도 없는 상태이며 가격은 너무 높았고, 제목과 목차도 매력적이지 못했죠. 한마디로 전자책 내용이 얼마나 좋은지를 전혀 어필하지 못한 것이나 마찬가지였습니다.

코칭을 통해 모든 요소를 보완했습니다. 그 결과 놀랍게도 단 2개월 만에 2500만 원의 매출을 기록했습니다.

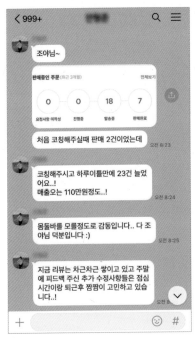

▲ 전자책 코칭 성과

TIP
각 요소를 구성하는 구체적인 방법에 대해서는 132쪽에서부터 다룹니다.

전자책 판매가 잘 이루어지기 위해서는 고객이 무엇을 보고 구매 결정을 하는지 알아야 합니다. 고객의 구매 결정 과정에 중요한 영향을 미치는 각 요소에 대해 간단히 알아보겠습니다.

1 대표 이미지

어떤 전자책인지를 한 장의 이미지로 드러내는 공간입니다. 대표 이미지가 매력적이어야 클릭을 유도하여 상세 정보를 접하도록 만들 수 있습니다.

▲ 파워포인트 전자책 대표 이미지

2 제목 및 목차

전자책의 제목과 목차를 소개합니다. 매력적인 카피라이팅으로 전자책 내용에 대해 궁금증을 유발하는 것이 중요합니다.

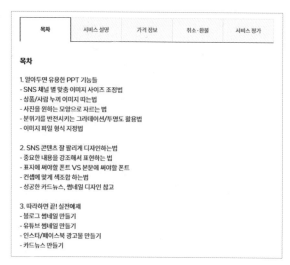

▲ 파워포인트 전자책 목차

3 상세페이지

전자책 상품에 대해 소개하는 영역입니다. 이미지와 글 모두 활용 가능합니다.

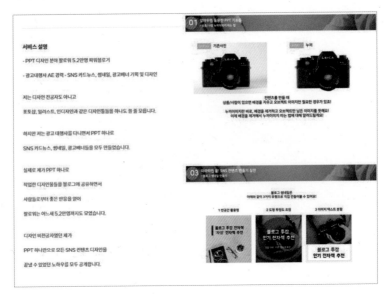

▲ 파워포인트 전자책 상세페이지

4 가격

전자책의 가격을 안내합니다.

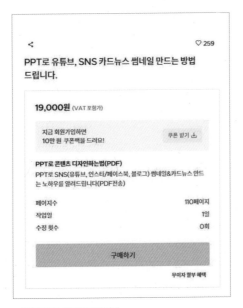

▲ 파워포인트 전자책 가격 안내

5 후기

구매 고객들이 남긴 후기가 보이는 영역입니다.

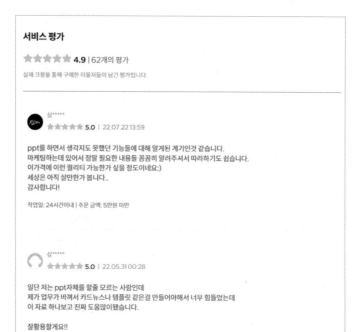

▲ 파워포인트 전자책 후기

전자책으로 돈 버는 법이 궁금하신가요? 위의 각 요소를 매력적으로 구성해야 전자책이 판매로 이어집니다. 전자책으로 매달 월급을 벌기 위해, 각 요소를 어떻게 구성해야 할지 알아보겠습니다.

판매로 이어지는
화면 구성하기

전자책의 첫인상을 결정하는
대표 이미지

눈에 띄는 대표 이미지를 만드는 원칙

대표 이미지는 전자책의 첫인상을 결정하는 중요한 요소입니다. 전자책 판매 플랫폼에 접속하면 수많은 전자책의 대표 이미지가 나열되어 있습니다. **눈에 띄는 대표 이미지를 만들어야 그중 클릭될 확률이 높아집니다.**

2주만에 놀고먹는 블로그 만들기 노하우 드립니다.

페이스북광고 하루2천원으로 월 300 수익 냈던 노하우 드립니다.

PPT로 유튜브, SNS 카드뉴스 썸네일 만드는 방법 드립니다.

▲ 전자책 대표 이미지 사례

눈에 띄는 대표 이미지를 만들기 위한 두 가지 원칙이 있습니다. 첫째, **핵심 문구를 강조해야 합니다.** 전자책 판매 플랫폼에는 대표 이미지가 작은 크기로 바둑판처럼 배열되어 노출됩니다. 가뜩이나 작은 대표 이미지에 글씨도 작게 쓴다면 고객이 잘 못 보고 지나칠 가능성이 높습니다. 어떤 전자책인지 드러내는 핵심 문구를 굵고 큰 글씨로 강조해야 합니다.

둘째, **디자인에 목맬 필요는 없습니다.** 대표 이미지를 만드는 데 뛰어난 디자인 능력이 필요하진 않습니다. 단색 배경에 핵심 문구만 들어가도 됩니다. 사람들이 전자책을 구매하는 이유는 지식과 정보를 얻기 위함입니다. 대표 이미지는 디자인이 뛰어나지 않아도 핵심 문구가 잘 보이도록 깔끔하게만 만들면 됩니다.

대표 이미지 1분 만에 완성하기

▲ 핵심 문구 강조형 대표 이미지

▲ 책 목업 이미지형 대표 이미지

전자책 대표 이미지는 크게 두 가지 유형으로 나눌 수 있습니다. 첫 번째는 깔끔한 배경에 핵심 문구만 배치하는 유형입니다. 두 번째는 책 목업(mock-up) 이미지를 활용하는 유형입니다. 실물의 책 이미지를 사용하여 책 상품임을 한눈에 보여줄 수 있습니다.

무료 디자인 사이트 또는 무료 목업 사이트를 이용하면 디자인을 못 하는 사람도 1분만에 손쉽게 대표 이미지를 만들 수 있습니다. 무료 디자인 사이트에서는 다양한 디자인 템플릿이 무료로 제공되며, 워터마크 없이 작업물을 다운받아 사용할 수도 있습니다.

01 미리캔버스(www.miricanvas.com)에 접속하여 회원가입 후, [바로 시작하기]를 클릭하세요.

02 좌측 상단에 숫자로 쓰인 이미지 사이즈 부분을 클릭하고 [직접 입력]을 선택하여 원하는 이미지 사이즈를 입력한 후 [적용하기]를 클릭합니다.

03 좌측 상단의 [템플릿]→[모든 템플릿]을 클릭하여 원하는 디자인 템플릿을 선택합니다.

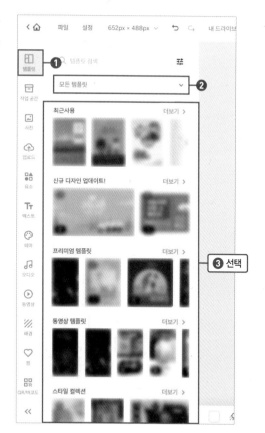

TIP

전자책 대표 이미지용 템플릿으로는 [유튜브]→[썸네일]을 클릭해 살펴보세요. 템플릿 좌측 상단에 왕관 표시가 있으면 유료, 왕관 표시가 없으면 무료입니다.

04 템플릿의 원하는 요소를 클릭하여 자유롭게 편집할 수 있습니다. 좌측의 도구 툴을 활용해 각 디자인 요소의 색상을 바꾸거나 크기, 문구를 변경합니다.

TIP

자신이 선택한 전자책 주제와 연관된 이미지를 사용하는 게 좋습니다. 대표 이미지에는 전자책 제목 혹은 어떤 전자책인지 드러내는 핵심 문구를 입력하면 됩니다.

05 편집이 끝나면 우측 상단의 [다운로드]를 클릭해 JPG 혹은 PNG로 다운받아 사용하면 됩니다.

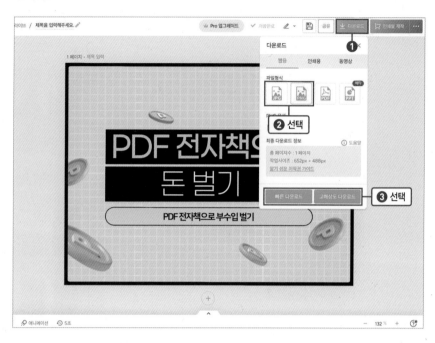

📖 **잠깐만요** **각 판매처별 대표 이미지 사이즈**

- 크몽: 652×488px
- 탈잉: 1200×800px
- 클래스101: 4:3 비율
- 와디즈: 1200×675px
- 텀블벅: 1240×930px

01 무료 목업 디자인 사이트(diybookcovers.com/3Dmockups)에 접속해 원하는 3D 디
    자인 유형을 선택하고 [Next]를 클릭합니다.

02 [Browse]를 눌러 책표지로 사용
    할 이미지를 선택하고 [Upload]
    를 클릭하여 업로드한 후, [Next]
    를 클릭합니다.

03 하단의 [PNG]를 클릭해 이미지를 다운받습니다.

04 완성된 책 목업 이미지를 확인합니다.

무조건 팔리는
제목·목차 카피라이팅

소비자가 전자책의 제목과 목차만 보고도 바로 구매하고 싶어지도록 만들어야 합니다. 그렇다면 구매로 즉각 이어지게 하는 매력적인 카피라이팅은 어떻게 해야 하는 걸까요?

광고대행사에 근무하던 시절, 수백 개의 광고 카피를 테스트하며 알아낸 사실이 있습니다. 사람들은 자신에게 이득이 되는 문구에 반응합니다. 자신에게 득이 될 게 없는 문구에는 크게 관심을 갖지 않았습니다. 이득이 드러나는 카피를 쓰자 광고 매출이 3배 이상 급증하기도 했습니다.

지금부터 이득을 드러내는 카피라이팅 기술 7가지에 대해 알아보겠습니다. 별것 아닌 것 같아도 **어떤 문구를 쓰느냐에 따라 매출 차이는 굉장히 큽니다.** 알려드릴 카피라이팅 기술을 전자책의 제목, 목차에 적용해보세요. 더 많은 사람이 주목하고 클릭하게 될 것입니다.

1 시간·시행착오 줄여줌 어필하기

시간과 시행착오를 줄여준다는 문구를 적극 활용합니다. 누구나 자신의 시간을 아끼고 싶어 합니다. 일을 처리하는 데 걸리는 시간과 시행착오를 줄여준다고 하면 누구든 관심을 갖게 됩니다. '**~하는 시간을 절반으로 줄여주는**'과 같은 문구를 사용해보세요.

> **예시**
>
> · 공무원 시험 준비기간을 절반으로 줄여주는 공부법
> · 업무시간을 절반으로 줄여주는 엑셀 사용 꿀팁

2 돈 관련 표현 사용하기

'**~로 돈 버는 법**', '**~로 돈 아끼는 법**' 같은 문구를 사용해보세요. 돈에 대해서는 누구든 관심을 갖습니다. 누구나 관심 있는 주제인 만큼 반응도 좋습니다. 실제로 여러 문구 중, 돈과 연결시킨 카피를 썼을 때 특히나 반응이 높아지곤 했습니다.

> **예시**
>
> - 블로그로 돈 버는 법
> - 로고 디자인으로 돈 버는 법
> - 부수입을 얻을 수 있는 법
> - 인테리어 비용을 반으로 줄이는 셀프 인테리어
> - 매출을 두 배로 늘린 스마트스토어 광고 노하우

3 '방법, 노하우, 꿀팁' 사용하기

'방법, 노하우, 꿀팁'과 같은 단어는 호기심을 유발합니다. 전자책 제목과 목차에서 결론을 다 말해버리면 안 됩니다. 예를 들어, 소개팅 노하우 전자책에 '소개팅에서 좋은 첫인상을 남기려면 인사 먼저 합시다'라는 목차가 있으면 어떨까요?
목차에 이미 결론이 나와 전자책 내용이 크게 궁금하지 않습니다. '소개팅에서 좋은 첫인상 남기는 방법'이라고 쓰면 사람들의 호기심을 유발할 수 있습니다. 같은 내용이어도 카피만 바꿔보세요. 제목이나 목차에서 결론을 이야기하지 말고 '**방법, 노하우, 꿀팁' 등의 단어를 사용해 사람들의 호기심을 자극해보세요.** 전자책 내용을 궁금해하는 사람들이 많아질 것입니다.

> **예시**
>
> - 소개팅 첫인상 좋게 남기는 방법
> - 손쉽게 깨끗한 집을 유지하는 정리 정돈 노하우
> - 성적 올리는 오답노트 꿀팁

4 숫자 활용하기

숫자가 가진 힘은 정말 큽니다. 단순히 '블로그로 돈 버는 법'이라고 쓰기보다 '블로그로 월 80만 원 버는 방법'이라고 하면 얻을 수 있는 이득이 훨씬 더 구체적으로 다가오죠. 실제로 저는 문구를 쓸 때 가능하면 숫자를 꼭 활용합니다. **숫자가 들어가면 얻을 수 있**

는 이득이 구체화되고, 문구도 눈에 잘 띄게 됩니다. 숫자의 힘은 강력합니다. 숫자를 쓸 수 있다면 꼭 활용하기를 추천합니다.

> **예시**
>
> - 제안서 잘 쓰는 법
>   ➜ 5천만 원짜리 입찰을 따낸 제안서 기획법
> - 다이어트 식단
>   ➜ 허리 사이즈 4인치 줄인 2주 식단표
> - 연봉 인상법
>   ➜ 남들보다 연봉 800만 원 더 올려 받은 연봉 인상법
> - 시간관리 방법
>   ➜ 남들보다 하루 4시간을 더 쓰는 시간관리 비법
> - 전자책으로 돈 버는 법
>   ➜ 전자책으로 월 200만 원 벌었던 방법

5 누구나 쉽게 할 수 있음을 강조하기

누구나 쉽게 따라 할 수 있다는 점을 강조해야 합니다. '이 노하우는 어렵습니다', '이 노하우는 전문가만 따라 할 수 있습니다' 같은 문구를 쓴다면 사람들은 전자책에 크게 관심을 갖지 않을 겁니다. 대다수가 쉽고 간편하게 따라 할 수 있는 방법을 원합니다. **'누구나 가능한', '왕초보도 가능한'** 등의 문구를 써보세요.

> **예시**
>
> - 누구나 10분 만에 읽고 바로 시작하는 브랜드 네이밍
> - 글 못 쓰는 사람도 가능한 전자책 부업 시작하는 법
> - 왕초보도 가능한 블로그 마케팅

6 단기간에 가능함을 어필하기

10년 이상 투자해야 원하는 성과를 얻을 수 있다는 건 매력적이지 않습니다. 단기간에 얻을 수 있는 성과임을 어필해야 사람들이 관심을 갖습니다. **'2주 만에', '하루 만에', '지금 당장 시작하는'**과 같은 표현을 써보세요.

단, '하루 만에 중국어 통달하기', '하루 만에 5kg 빼기'와 같이 지나치게 과장된 문구는 역효과를 불러일으킬 수 있으니 주의해야 합니다.

- 다이어트 2주 만에 살 빼는 법
- 단 2주 만에 놀고먹는 수익형 블로그 만드는 법
- 딱 하루 만에 전자책 다 쓰는 법
- 지금 당장 시작하는 전자책 부업
- 지금 바로 시작 가능한 사업계획서 작성법
- 하루 만에 씹어 먹는 PPT 디자인

7 대조 또는 강화

정보의 출처를 밝혀 관심을 유발하는 방법도 있습니다. 길을 지나가던 사람이 "블로그 키우는 법을 알려줄게요!"라고 한다면? 신뢰가 가지 않겠죠. 하지만 일 방문자수 1만 명임을 인증하고 블로그 키우는 법을 알려주겠다고 한다면, 사람들은 돈을 주고라도 배우고 싶을 겁니다.

'강화'란 본인의 경력을 밝혀 신뢰도를 높이는 방법입니다. 저자가 전자책 주제와 관련한 경력 및 성과가 있는 사람임을 드러내는 겁니다.

- 일 방문자 1만 파워블로거가 알려주는 블로그 성장법
- 블로그 경력 10년 차가 알려주는 블로그 마케팅의 모든 것
- 5년 차 연애상담사가 알려주는 연애 잘하는 법

'대조'란 관련 경력이 없음에도 성과를 냈다는 점을 어필하는 방법입니다. 전문가가 아님에 도 성과를 냈다는 점을 드러내면 사람들의 호기심을 유발할 수 있습니다.

📖 **잠깐만요** **단기간으로 느껴지는 단어 적절히 활용하기**

블로그 키우기처럼 하는 데에 몇 개월 이상 걸리는 일은 '2주 만에' 같은 단어를 사용하면 메리트가 될 것입니다. 하지만 '와인 배우기', '차(tea) 배우기'와 같은 취미 관련 주제들은 한 달, 2주도 길게 느껴질 수 있으므로 '딱 하루만 투자해 와인 배우기'와 같은 제목이 더 효과적일 수 있습니다. 각 분야마다 단기간이라고 느껴지는 단어들을 적절하게 선택하는 것이 중요합니다.

- 언어 9등급인 작가가 알려주는 글 잘 쓰게 되는 비결
- 졸업 유예 2년, 무스펙자가 대기업에 합격한 방법
- 영알못이 한 달 만에 영어자격증을 딸 수 있었던 방법

지금까지 소개한 카피라이팅 기술 7가지를 적용하여 작성한 목차 예시를 소개합니다. 이를 참고하여 자신의 전자책 내용을 잘 드러내는 목차를 만들어보세요.

❶ 블로그는 어떻게 수익을 낼까?
- 블로그를 통해 수익이 발생하는 과정

❷ 블로그로 수익 내기 실전
- 맛집·제품·서비스를 협찬받는 방법
- 글 하나로 계속해서 수익을 내는 방법
- 방법만 알면 가능한 블로그 알바

❸ 수익형 블로그 세팅법
- 수익형 블로그를 만들어가는 과정
- 수익을 내는 주제 vs 피해야 할 주제
- 수익형 블로그 운영 시 유의 사항

❹ 돈 되는 콘텐츠 작성법
- 수익을 내는 키워드 선택법
- 홍보 콘텐츠 상단노출비밀, 수익을 내는 제목·본문 작성법

❺ 따라 하면 끝! 2주 완성 플랜 소개

❶ 페이스북 광고 왜 해야 할까?
- 페이스북 광고 해야 하는 3가지 이유

❷ 0원으로 광고하는 법
- 광고비 없이 광고하는 3가지 방법

❸ 페이스북 광고 준비 단계
- 계정 세팅 및 페이지 만들기 A to Z

❹ 페이스북 광고 세팅 단계
- 광고 목적에 맞는 광고 유형 찾기
- 내 상품을 사줄 고객을 찾는 법
- 잘 팔리는 이미지·문구 기획하는 법
- 광고 유형별 성공 사례 BEST4
- 광고 기획 시, 이것만은 피하라
- 경쟁자 광고 벤치마킹하는 법, 성공 비결까지

❺ 페이스북 광고 운영 및 관리
- 수익을 10배 늘린 광고 운영법

03

매력적인 전자책 상세페이지 구성하기

상세페이지는 전자책을 소개하는 영역으로, 고객들이 전자책을 구매하도록 설득하는 역할을 합니다. 전자책은 구매하기 전에 미리 안의 내용을 읽어볼 수 없습니다. 상세페이지를 보고 구매 여부를 결정하게 됩니다. 쉽게 말해 상세페이지는 포장 용기와 같습니다. 아무리 값비싼 선물을 준비했어도 비닐봉지에 담아 건넨다면 아무도 열어보지 않을 수 있습니다. 예쁘게 잘 포장해야 갖고 싶은 선물이 되겠죠.

우리는 상세페이지를 매력적으로 구성해 고객들이 전자책을 구매하고 싶게끔 만들어야 합니다. 상세페이지를 매력적으로 작성했느냐의 여부가 구매 결정에 큰 영향을 미칩니다. 실제로, 똑같은 전자책이어도 상세페이지 구성에 따라 상품을 보러 들어온 100명 중 1명이 구매하기도 하고, 100명 중 10명이 구매하기도 합니다. 상세페이지는 매출에 즉각적인 영향을 미치는 중요한 요소입니다.

상세페이지는 크게 글과 이미지로 구성됩니다. 각 영역을 최대한 활용하여 전자책을 구매하도록 어필하는 것이 중요합니다. 글 파트와 이미지 파트를 구성하는 방법에 대해 알아보겠습니다.

▲ 글과 이미지로 구성되는 전자책 상세페이지

상세페이지 소개 글 작성하기

전자책 상세페이지의 소개 글 템플릿은 다음과 같습니다. 저 역시 해당 구성으로 만든 상세페이지로 전자책을 판매해 누적 매출 2억 원을 달성했고, 제 코칭을 받고 전자책 펀딩에 도전한 분들 모두가 펀딩에 성공했습니다. 이미 수차례 매출 증진에 효과를 본 검증된 상세페이지 템플릿입니다.

<전자책 상세페이지 템플릿>

❶ 경력1
　경력2
　경력3

❷ ~가 고민이신가요?
　~한 문제를 겪고 계신가요?

❸ 저 또한 같은 문제를 겪었습니다.

❹ 하지만 ~한 과정을 통해 해결할 수 있었고
　~한 변화를 얻을 수 있게 됐습니다.
　~하는 방법에 대한 노하우를 알려드리겠습니다.

❺ 이 전자책이 특별한 이유
・ 차별점1
・ 차별점2

⑥ 후기

⑦ 추천 대상
- ~한 문제를 겪고 계신 분
- ~한 변화를 얻길 원하는 분

⑧ 이 책을 만든 이유
저와 같은 문제를 겪고 있는 분들께 도움이 되고자
이 전자책을 만들게 되었습니다.

❶ 경력 사항 제시

상세페이지 도입부에 경력 사항을 모두 나열해주세요. 전자책 주제와 관련 있다면 사소한 경험도 모두 포함합니다. 전자책 주제와 관련된 공부를 해봤거나, 일을 해봤거나, 경험을 해봤거나, 성과를 내본 경험 등을 모두 적는 겁니다. **사소하더라도 전자책 주제와 관련된 경력들이 있다는 것을 보여주면 저자에 대한 신뢰도가 높아집니다.**

특정 분야 '10년 차 전문가'와 같은 거창한 경력이 아니어도 됩니다. 연애 전자책이라면 '연애 4년 차', 육아 전자책이라면 '세 아이의 부모', '놀이 자격증 보유' 등이면 충분합니다. 혹은 '○○ 분야 공부 3년 차', '○○ 주제로 블로그 운영'과 같은 경험을 나열해도 됩니다.

❷ 고객이 가진 문제 상기

상세페이지 초반부는 장황하게 쓰면 안 됩니다. 고객들은 첫 문장에서 끌리지 않으면 바로 이탈하기 때문입니다. '~가 고민이신가요?'와 같이 타깃이 가진 핵심 고민을 짚어주세요. 그래야 관심을 갖고 뒤의 내용을 이어서 읽어보게 됩니다. 주식 전자책이라면 '주식으로 계속 손해만 보고 계신가요?', '벼락 거지가 된 것 같아 막막하신가요?'와 같이, **눈이 번쩍 뜨이도록 사람들의 핵심 고민을 딱 짚어줘야 합니다.**

❸ 고객과 공감대 형성

자신도 같은 고민과 문제를 겪은 적이 있음을 어필합니다. 고객들은 상위 1%의 이야기에는 크게 공감하지 못합니다. 오히려 자신의 문제를 똑같이 겪어본 비슷한 사람의 이야기에 솔깃해집니다.

❹ 문제를 해결하고 얻은 변화

고민과 문제들을 해결하여 어떤 변화를 얻었고, 어떤 노하우를 담은 전자책인지를 설명합니다.

❺ 다른 전자책과의 차별점

이 전자책을 선택해야 하는 이유를 제시해야 합니다. 비슷한 전자책들과 다른 내 전자책만의 차별점을 나열해주세요. 이때 앞서 기획안 작성을 통해 도출한 자기 전자책만의 콘셉트를 활용합니다.

전자책 콘셉트

_____인 사람들을 위해
_____를 경험한 제가
_____를 알려드릴 것입니다.

경험적으로, 내용적으로 어떤 차별점이 있는지를 나열해서 설명해주세요. 예를 들어제 블로그 전자책의 차별점은 다음과 같습니다.

> **예시**
>
> • 5년 이상의 블로그 노하우(경험적인 차별점): 5년 차 블로거가 블로그 몇 개월 해서는 절대 알 수 없는 블로그 키우는 노하우에 대해 알려드리겠습니다.
> • 2주 만에 수익형 블로그 만드는 플랜 제공(내용적인 차별점): 단 2주 만에 수익형 블로그를 만드는 액션플랜을 드립니다. 여러분은 다 된 플랜에 숟가락만 얹으세요.

❻ 후기 인용

전자책의 후기들을 나열해주세요. 후기를 인용해 이미 검증된 전자책임을 보여줘야 합니다. 고객 입장에서는 전자책이 좋다고 말하는 판매자의 백 마디 말보다, 실제 구매자의 후기 1개에 훨씬 더 신뢰를 느낄 수 있습니다. 후기가 없다면 전자책 무료 제공 조건으로 후기를 받는 방법이 있습니다. 후기를 최소 3~4개 이상 모아 소개 글에 인용해주세요.

❼ 필요한 대상

이 전자책이 어떤 문제를 겪는 사람에게 필요한지 제시해주세요. 고객의 입장에서 자신의 이야기라고 생각되면 구매로 연결될 수 있습니다. 단, 공감하기 너무 어려운 문제를 나열해서는 안 됩니다. '부수입을 얻고 싶은 분', '시간이 많이 들지 않는 부업을 찾으시는 분'처럼 누구든 쉽게 공감할 만한 문제들에 대해 작성해야 합니다.

❽ 이 전자책을 만든 이유(스토리)

전자책을 왜 만들게 되었는지에 대해 제작 스토리를 풀어주세요. 구매를 결정할 때 이성적인 판단뿐 아니라 감성적인 요인도 크게 작용하는 경우가 많습니다. 예를 들어, 사람들이 아이폰을 구매하는 이유가 기능적 편리함 때문만은 아닙니다. 애플이 전달하는 'Think different' 메시지에 공감하여 구매하는 경우도 있죠. **전자책 역시 만든 취지를 밝히며 사람들의 감성적인 공감을 얻는 것도 중요합니다.** '저와 같은 문제를 겪고 있는 분들께 도움을 드리고자 이 전자책을 만들었습니다'와 같이 전자책을 만든 취지를 설명하는 겁니다. 사람들이 이에 공감하고 믿고 구매하게 됩니다.

템플릿에 맞춰 작성한 상세페이지 소개 글 사례를 소개합니다. 이를 참고하여 자신의 전자책을 매력적으로 설명하는 소개 글을 작성해보세요.

> **예시**
>
> **연애 잘하는 법**
> **❶ 경력 사항 제시**
> 연애 7년 끝에 이제 결혼을 앞둔 예비 신부입니다.
>
> **❷ 고객이 가진 문제 상기**
> 좋은 사람을 만나기 어렵거나, 연애를 해도 매번 순탄치 못해 고민인가요?
>
> **❸ 고객과 공감대 형성**
> 저 역시 20대 초반까지 계속 연애 실패를 거듭했습니다.
>
> **❹ 문제를 해결하고 얻은 변화**
> 연애를 여러 번 반복하며 사람 보는 눈도 키우고, 책도 읽고 주변의 조언도 구하며 이제는 좋은 사람을 만나 긴 연애 끝에 결혼하게 됐습니다. 제가 정립한 연애 성공 방정식을 알려드리겠습니다.
>
> **❺ 다른 전자책과의 차별점**
> 제 전자책은 다음과 같은 내용을 담고 있습니다.
> • 무려 7년 연애하며 알게 된 연애 스킬

- 현실 연애 실패담이 담긴, 절대 만나면 안 되는 5가지 사람 유형
- 결혼할 사람을 알아보는 10가지 방법

⑥ 후기 인용

- 모태솔로인데 솔직한 조언으로 용기를 얻게 됐어요.
- 좋은 사람을 만나기 위해 어떻게 해야 하는지 알게 됐어요.
- 제 연애관에 대해 고민해보는 계기가 되었어요.

⑦ 필요한 대상

- 아직 연애를 한 번도 해보지 못한 모태솔로
- 연애를 해도 1년 이상 지속하기 어려운 분
- 좋은 사람 만나는 방법이 궁금한 분

⑧ 이 전자책을 만든 이유(스토리)

20대 때 여러 번의 연애 실패로 고생을 해봤던 사람으로서 누구보다도 현실적인 조언을 해드릴 수 있을 것 같아 전자책을 만들게 되었습니다. 과거의 저처럼 연애로 마음고생하고 계실 분들께 가이드가 되어드릴 수 있을 거라 생각합니다.

상세페이지 이미지 구성하기

상세페이지 이미지 영역에는 주로 전자책 미리보기 이미지가 들어갑니다. 전자책의 일부 페이지를 공개하여 사람들의 구매 결정을 돕는 것이죠. 하지만 전자책 미리보기로만 끝내지 말고 이미지 파트를 적극 활용하는 것이 좋은데요. 어떤 것들을 추가로 보여줄 수 있을지 알아보도록 하겠습니다.

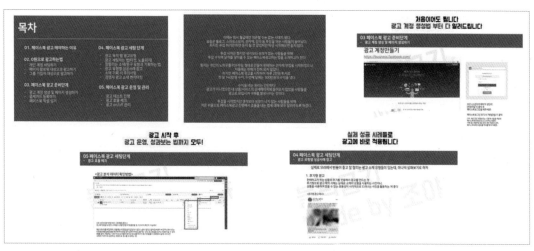

▲ 페이스북 광고 전자책 미리보기 이미지

❶ 성과 인증하기

전자책 주제와 관련해서 이루어낸 성과에 대한 인증 자료를 제시할 수 있습니다. 실제로 얻은 성과를 인증하면 저자에 대한 신뢰도도 올라갑니다.

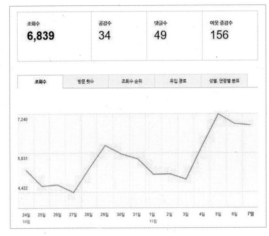

▲ 블로그 방문자수 및 이웃수 인증

예를 들어 블로그 전자책이라면 방문자수를 인증하는 방법이 있습니다. 돈 버는 법에 대한 전자책이라면 수익 인증 캡처본을 제시하면 됩니다. 자격증 따는 법에 대한 전자책은 자격증 사진을 제시할 수 있습니다. 다이어트 노하우에 대한 전자책은 다이어트 전후 사진 혹은 인바디 결과 등을 제시할 수 있습니다. 정리 정돈 하는 법에 대한 전자책이라면 깨끗이 정리된 집 사진을 보여줄 수 있습니다.

❷ 후기 사용하기

전자책을 읽어본 사람들의 실제 후기를 이미지로 제시해주세요. 만약 후기가 없는 상태라면 전자책을 필요로 하는 주변 분들께 제공하고 문자나 메신저로라도 후기를 받으세요. 그리고 캡처본을 활용하면 됩니다. 실제 후기를 추가하면 전자책에 대한 신뢰도가 훨씬 올라갑니다.

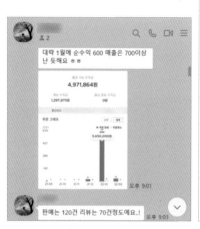
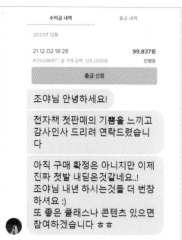

▲ 후기를 통한 코칭 성과 사례 인증

③ 포트폴리오 활용하기

디자인 분야처럼 실제 작업물을 포트폴리오로 보여줄 수 있는 분야라면 꼭 이미지로 첨부하세요.

▲ PPT 디자인 포트폴리오를 활용한 상세페이지 이미지

전자책 가격,
얼마로 설정해야 할까?

전자책 가격 설정 가이드

전자책의 평균 가격은 1~2만 원대입니다. 하지만 종이책과 달리 전자책은 정해진 가격대가 없습니다. 실제로 10만 원 이상 하는 고가의 전자책이 팔리기도 합니다. 정해진 가격대가 없는 만큼, 높은 가격으로 전자책을 등록하는 경우도 많습니다. 하지만 전자책 판매 초반에는 저렴한 가격으로 설정하는 것이 좋습니다. 처음부터 가격을 높게 잡으면 분명 리스크가 있기 때문입니다.

검증된 후기가 없는데 가격만 높으면 판매가 아예 안 될 수도 있습니다. 혹은 비싼 가격에 비해 내용은 만족스럽지 못해 나쁜 후기가 달릴 수도 있습니다. 좋은 후기 10개

📖 잠깐만요   전자책 가격 책정 사례

처음에는 모두 1~2만 원대로 시작한 전자책들입니다. 좋은 후기들이 점차 쌓이고, 내용도 업데이트하면서 가격을 조금씩 올려 현재 3만 원대에 판매하고 있습니다. 기존의 긍정적인 후기들이 전자책 내용을 보증해준 덕분에 꾸준히 판매가 잘되고 있습니다.

▲ 판매 중인 전자책 사례

보다 나쁜 후기 1개의 영향력이 더 큽니다. 치명적인 나쁜 후기 1개로 그때부터 구매가 뚝 끊길 수도 있습니다.

재능마켓에서 판매하는 전자책의 가격은 언제든 자유롭게 수정할 수 있습니다. 그러므로 처음에는 1~2만 원대로 시작해 고객들의 반응을 한번 살펴보세요. 실제로 판매되기 시작하고 좋은 평가가 남겨지면 그때부터 가격을 올려도 됩니다.

전자책의 가격을 올려주는 요소들

- 최소 3개월 이상 고민하고 시간을 들여 얻은 지식인가?
- 직접 경험해서 얻은 노하우가 있는가?
- 전문성이 있는가(인증 가능한 성과, 관련 경력 있음)?
- 타인으로부터 성과가 입증된 자료인가(타인 성과 인증 가능)?

위의 사항 중 최소 3개 이상 해당되면 가격대를 3만 원 이상으로 높여볼 수 있습니다. 물론 전자책이 가격 이상의 값어치를 한다면 가격대는 더 올라갈 수 있습니다.

예를 들어 주식 전자책에서 주식으로 100만 원 번 실제 방법을 제시한다면, 전자책 가격이 10만 원이어도 팔릴 겁니다. 다이어트 전자책도 10만 원 이상의 고가로 팔리는 사례가 있습니다. 다이어트는 여성들의 주요 관심사이죠. 실제로 다이어트 한약, 치료 등으로 수백만 원 이상을 투자하는 경우도 있습니다. 그에 비해 단돈 10만 원 투자하여 쉽게 살 빼는 법을 알게 된다면 충분히 투자할 가치가 있는 것이죠. 전자책이 소비자에게 얼마만큼의 가치를 줄 수 있느냐에 따라 전자책의 가격대는 더 높아질 수 있을 것입니다.

전자책 후기 늘리는 법

판매가 잘되기 위해서는 후기가 중요합니다. 배달 음식 하나를 시키더라도 후기가 없는 음식점에는 관심이 잘 안 가게 되죠. 그만큼 후기는 구매 결정에 중요한 영향을 미칩니다. 전자책도 마찬가지입니다. **상품 등록 후 판매가 잘되기 위해서는 후기를 늘릴 필요가 있습니다.**

┌─────────────────────────────────────┐
받은 평가

⭐⭐⭐⭐⭐ **4.9** | 553개의 평가

실제 크몽을 통해 구매한 이용자들이 남긴 평가입니다.
└─────────────────────────────────────┘

▲ 크몽 내 전자책 후기(2023년 기준)

제가 만든 전자책들은 구매자의 후기 작성률이 높은 편입니다. 구매한 사람들 중 절반 이상이 후기를 남깁니다. 물론 전자책에 대한 높은 만족도가 후기로 연결되기도 합니다. 하지만 누구나 후기를 더 빠르게 늘릴 수 있는 방법이 있습니다. 후기가 전혀 없는 상태에서도 쉽게 후기를 늘리는 방법을 알려드리겠습니다.

1 사은품 파일 전략

사은품 파일 전략이란 전자책 구매자를 대상으로 진행하는 후기 이벤트를 말합니다. **후기 작성 시 사은품 파일을 추가로 제공하는 전략으로, 후기를 빠르게 늘리는 가장 확실한 방법입니다.** 배달 앱에서 사장님들이 리뷰 이벤트로 사이드 메뉴를 제공하는 것과 같은 맥락입니다.

사은품 파일은 부담 없이 딱 한 장만 만들어도 됩니다. 긍정적인 후기는 전자책 판매

촉진에 중요한 역할을 하므로, 후기 이벤트용 사은품 파일 1개는 필수로 만들 것을 추천합니다. 사은품 파일은 판매하는 전자책 주제와 관련된 내용으로 만드는 것이 좋습니다. 연관된 파일을 제공해야 소비자 입장에서 관심을 가지게 됩니다.

예시

- 블로그 전자책이면? ➡ 사은품으로 '블로그 협찬 사이트 리스트'
- 주식 전자책이면? ➡ 사은품으로 '수익 냈던 주식 종목 리스트'
- 디자인 전자책이면? ➡ 사은품으로 '디자인 사이트 모음', '무료 폰트 리스트'
- 엄마표 영어 전자책이면? ➡ 사은품으로 '아이들이 좋아하는 영어 노래 리스트'

사은품 파일 구성 후에는 아래와 같이 안내 메시지를 만들어 구매자에게 후기 이벤트에 대해 안내합니다.

안녕하세요. 전자책 구매 감사드립니다.
멋진 후기를 작성해주시면 ○○ 파일을 사은품으로 증정해드리고 있으니 참고 부탁드리겠습니다.

전자책 내용 관련 질문은 언제든 가능합니다. 감사합니다.

2 1:1 피드백 제공하기

혹시 내용을 읽어보시고
이해가 어렵거나,
추가로 궁금한 부분이 있으실까요?

~가 추가로 알고 싶습니다.

고객에게 1:1 피드백을 제공하고 후기를 요청할 수도 있습니다. 크몽에는 고객과의 대화 기능이 별도로 마련되어 있습니다. 구매가 발생한 직후보다는 구매 후 3~5일 뒤 전자책을 잘 읽어봤는지, 추가로 궁금한 점은 없는지 등을 묻고 후기를 요청해보세요. 먼저 도움을 주면 원하는 것을 얻게 될 확률도 높아집니다.

물론 전자책이 팔릴 때마다 모든 고객에게 대화를 요청할 수는 없을 겁니다. 전자책 판매 초기에 후기가 없을 때 활용하기 좋은 방법입니다.

제목·목차 카피라이팅 적용 사례

유튜브 전자책의 제목을 짓는다고 가정해봅시다. 단순히 '유튜브 잘하는 법'이 가장 먼저 떠오르나요? 제목과 목차에 카피라이팅 기술을 적용한 다양한 사례를 소개합니다.

Before　유튜브 잘하는 법

After　적은 구독자수로도 돈 벌었던 방법
- [대조 기법]을 사용하여 전자책 주제와 관련된 경력이 없음에도 성과를 냈다는 점을 어필했습니다.

After　두 달 만에 유튜브 수익 창출한 노하우
- [단기간에 가능함]과 [돈 관련 표현]으로 사람들의 관심을 이끌어낼 수 있습니다.

After　유튜브 영상 10개로 매출 2배 늘린 방법
- [숫자 활용]으로 얻을 수 있는 이득을 구체화하고, [돈 관련 표현]으로 관심을 유발합니다.

After　유튜브 브랜딩으로 2달 만에 매출 2배 늘렸던 법
- [단기간에 가능함]과 [돈 관련 표현]으로 사람들의 관심을 이끌어낼 수 있습니다.

After　조회수 2배로 증가한 유튜브 섬네일 디자인
- [숫자 활용]으로 얻을 수 있는 이득을 구체화했습니다.

After　디자인 비전공자가 PPT로 유튜브 섬네일 만드는 법
- [누구나 쉽게 할 수 있음]으로, 비전공자도 쉽게 할 수 있다는 점을 강조했습니다.

After　구독자수 20만 명 유튜버가 알려주는 유튜브 잘하는 법
- [강화 기법]으로, 전자책 주제와 관련한 경력이 있음을 어필하여 저자에 대한 신뢰도를 높입니다.

Before　전자책 제목 짓기

After　잘 팔리는 전자책 제목 정하는 법
- [돈 관련 표현]을 사용하고 [방법, 노하우, 꿀팁 사용]으로 궁금증을 유발했습니다.

Before　공무원 시험 인강 추천

After　이것만 들으면 된다! 족집게 인강 추천
- [시간·시행착오 줄여줌]을 어필했습니다.

`Before` PPT로 디자인하는 법

`After` 왕초보도 10분 만에 PPT로 디자인하는 법

• [누구나 쉽게 할 수 있음]을 어필하였습니다.

`After` PPT로 매달 50만 원씩 돈 벌었던 법

• [돈 관련 표현]으로 사람들의 관심을 이끌어냅니다.

`Before` 기획안 작성법

`After` 20페이지 기획안으로 국가지원 500만 원 받고 사업 시작하는 법

• [숫자 활용]으로 얻을 수 있는 이득을 구체화하고, [돈 관련 표현]으로 사람들의 관심을 끌어냅니다.

`Before` 주식 하는 법

`After` 사회초년생이 주식으로 2개월 만에 1000만 원 수익 낸 노하우

• [대조 기법]으로 재테크 경험이 적은 '사회초년생'임에도 성과를 냈다는 점을 어필해 사람들의 호기심을 자극했습니다. 또한 2개월이라는 [단기간에 가능함]을 어필하고, [돈 관련 표현]으로 사람들의 관심을 유발합니다.

`After` 주식 16년 차 전문가가 알려주는 주식 노하우

• [강화 기법]으로 전자책 주제와 관련된 '16년 차 주식 전문가'라는 경력을 어필해 내용에 대한 신뢰도를 높이고, [방법, 노하우, 꿀팁 사용]으로 사람들의 호기심을 유발합니다.

`Before` 어플 만들기

`After` 왕초보도 어플 만들어 광고 수익 얻는 방법

• [누구나 쉽게 할 수 있음]을 어필하고, [돈 관련 표현]을 사용했습니다.

`After` 비전공자가 어플 개발자 되는 법

• [대조 기법]으로 전공자가 아님에도 성과를 냈다는 점을 어필해 호기심을 유발합니다.

`Before` 소개팅 전 문자하기

`After` 상대방의 마음을 홀리는 문자 작성법

• [방법, 노하우, 꿀팁 사용]으로 사람들의 궁금증을 유발합니다.

마케팅 배워 전자책으로
연봉 벌기까지 도전!

인플루언서 아니어도 되는, 마케팅 방법 3가지

전자책으로 누적 매출 2억 낸 비결

방구석투잡러 조야

출판   취미 클래스

⭐ 만족도 5.0 (202개)

🏅 누적 액수 2억원+

👥 서포터 2,005명

▲ PDF 전자책 펀딩 매출 내역(2022)

전자책 판매를 용돈벌이 정도로만 생각하시나요? 마케팅을 적용하면 매출 점프도 가능합니다. 전자책 2억 매출 역시 마케팅을 적용했기에 가능했습니다.

사실 재능마켓 또는 펀딩 플랫폼에서 전자책을 판매하면 따로 마케팅을 하지 않아도 됩니다. 기존 플랫폼 이용자들이 내 상품으로 유입될 수 있기 때문이죠. 하지만 마케팅을 통해 더 많은 사람이 내 상품을 보러 들어오도록 만들 수 있습니다. **내 상품을 보러 들어오는 사람이 늘면 당연히 구매하는 사람도 늘게 됩니다.** 물론 매력적인 상세페이지(소개 글, 이미지), 가격, 후기 등이 뒷받침되어야 하며, 이 경우 마케팅을 하면 무조건 효과를 볼 수 있습니다.

인플루언서가 아니어도 마케팅 된다

마케팅은 인플루언서만 할 수 있는 게 아닐까 생각하는 분이 많습니다. SNS 채널을 운영하며 많은 팔로워가 있어야 한다는 것이죠. 하지만 인플루언서가 아니어도 마케팅을 할 수 있습니다.

저는 SNS 채널 없이 마케팅만 적용하여 전자책으로 2억 매출을 달성했습니다. 심지어 매일 시간을 투자할 필요도 없습니다. 세팅 한 번으로 꾸준하게 효과를 볼 수 있는 마케팅 방법이 있습니다. 실제로 제 코칭을 받고 마케팅을 적용해 전자책 펀딩 성공은 물론, 한 번에 2500만 원 매출을 달성한 분도 있습니다. 제게 코칭을 요청하는 분들은 마케팅이 처음인 경우가 대부분입니다.
인플루언서가 아니어도 상관없습니다. 누구든 쉽게 따라 할 수 있는 마케팅 방법을 알려드리겠습니다.

마케팅에는 다양한 방식이 존재합니다.

- 플랫폼 내 상품 노출 광고
- SNS(인스타그램, 블로그, 유튜브 등) 채널 운영
- SNS 광고

모든 마케팅을 필수로 진행해야 되는 건 아닙니다. 여러 방식 중 자신에게 맞는 것을 선택하면 됩니다. 예를 들어, 콘텐츠를 직접 제작하기가 번거롭다면 유료 광고를 하면 됩니다. 혹은 광고비 절감을 위해 SNS에 직접 콘텐츠를 올릴 수도 있습니다. 혹은 여러 판매처에 전자책을 등록해 플랫폼 사용자들의 유입을 늘릴 수도 있습니다. 앞으로 살펴볼 마케팅 방법을 참고하여 자신의 상황에 맞는 방식을 선택하고 활용해보세요.

02

내 상품이 판매처 상단에
노출되게 하는 법

누구나 따라 할 수 있는 가장 쉬운 마케팅 방법은 바로 플랫폼 내 광고 기능을 활용하는 겁니다. **일정 기간 동안 상품이 플랫폼 상단에 노출되는 방식입니다.** 대표적으로 크몽의 '루키 광고'가 있습니다.

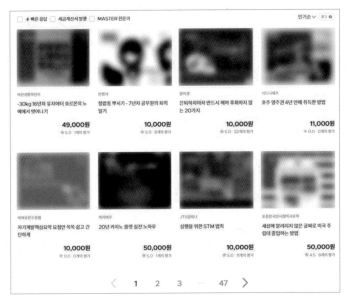

▲ 크몽 전자책 노출 화면

루키 광고란 등록한 지 60일이 경과하지 않은 상품에 한해, 저렴한 비용으로 상단에 노출시켜주는 광고입니다.

고객은 수많은 상품 중 상단에 있는 상품들 위주로 살펴보게 됩니다. 10페이지 이상 넘어가야 노출되는 상품까지 살펴보는 사람은 많지 않다는 것이죠. 루키 광고를 활용하면 상단에 노출될 수 있기에 더 많은 사람이 상품을 보러 올 확률이 높아집니다. 광고 비용은 2주일 노출 기준 4만 원대입니다.

실제로 루키 광고를 진행해보니 광고 집행 후 전자책 판매량이 2~3배 정도 증가했습니다. 크몽에서 전문가로 가입 시, [마이크몽]→[광고 신청]→[루키]를 클릭해 광고 신청을 할 수 있습니다.

마이크몽

보낸 제안

판매 관리

나의 서비스 ⌄

셀프마케팅 beta

나의 포트폴리오

수익관리

광고관리

광고 신청 N ⌃

　플레티넘

　프리미엄

　플러스UP

　플러스

　루키

　후기 상위노출

▲ 크몽 내 루키 광고 신청 경로

잠깐만요 **광고 시작 전 체크리스트**

광고로 많은 사람에게 상품이 노출되어도, 상품을 클릭했을 때 나오는 화면 구성이 매력적이지 않으면 구매로 이어지지 않습니다. 아래 각 요소를 점검한 후 광고를 집행해보세요. 각 요소에 대한 구체적인 설명은 125쪽을 참고하세요.

• 대표 이미지
• 제목, 목차
• 상세페이지(전자책 소개 글, 이미지)
• 가격
• 후기

03

블로그 글 10개만 쓰고 전자책 팔기

블로그 글 10개로 수익 내기

블로그를 활용한 마케팅 방법도 있습니다. 비용 투자 없이, 초보자도 충분히 따라 할 수 있는 방법입니다. 바로, 블로그에 글을 10개 올려 수익화하는 방법입니다. 먼저 전자책 주제와 관련된 정보 글을 9개 올려 해당 주제에 관심 있는 사람들을 블로그로 모읍니다. 그다음 전자책 판매 글을 올려 수익화하는 형태입니다.

대부분이 블로그를 개설하자마자 홍보 글부터 올리곤 합니다. 하지만 처음부터 홍보 글만 올리면 방문자 입장에서는 홍보성 블로그로 느껴져 거부감이 들 수 있습니다. 무엇보다 미리 올려둔 글이 없으면 블로그를 방문하는 사람이 적어 큰 홍보 효과를 보기도 어렵습니다. **블로그로 마케팅 효과를 보고 싶다면 정보 글을 먼저 올려야 합니다.** 방문자가 어느 정도 생긴 후 판매 글을 올리면 됩니다.

어떤 글을 올려야 할까?

| 객관적 정보 | vs | 나의 경험, 나의 인사이트 |

그렇다면 블로그에는 어떤 정보 글을 올리면 좋을까요? 자신이 직접 경험해서 얻은 노하우를 올리는 것이 좋습니다.
예를 들어 '전자책 폰트 크기', '대표 이미지 사이즈'와 같은 정보는 검색하면 누구나 알 수 있는 객관적인 정보입니다. 하지만 '사람들이 반응하는 전자책 제목 작성법', '전자책을 잘 팔았던 나만의 꿀팁' 같은 글은 자신만의 경험과 인사이트가 들어간 글이죠.

경험 및 인사이트가 들어간 글에서 저자에 대한 전문성이 드러나게 됩니다. 방문자 입장에선 블로그의 다른 글들도 읽어보게 되고, 유료 콘텐츠 구매로까지 이어질 가능성도 높아집니다.

모든 글을 다 이렇게 쓸 필요는 없습니다. 객관적인 정보 글도 올리되, 본인의 생각과 경험이 담긴 글들도 병행해서 올려보세요.

블로그 글 10개 쓰기 플랜

블로그 글 10개 올리기는 다음과 같은 플랜으로 진행하면 됩니다. 아래의 사례를 참고하여 어떤 글을 써서 업로드하면 되는지 파악하고, 각자 쓰고자 하는 전자책 주제에 맞춰 플랜을 짜면 됩니다.

가장 먼저 해당 주제의 필요성에 대한 글을 올려주세요. 예를 들어 전자책 주제가 '가계부 작성법'이라면 블로그 첫 글로 '가계부 작성이 반드시 필요한 이유'에 대해 쓰는 겁니다. 가계부 작성으로 어떤 변화를 얻었고, 가계부를 작성하면 왜 좋은지에 대해 소개합니다. 방문자들은 해당 글을 보고 전자책 주제에 대해 관심을 가지게 됩니다.

그다음부터는 전자책 주제와 관련된 정보 글 8건을 추가로 올립니다.

예시

- **'~하는 방법·과정'에 대한 글(4건)**
  - 가계부 작성으로 생활비를 절반으로 줄인 방법
  - 생활비 절약을 위해 가져야 할 마음가짐
  - 이번 달 가계부 작성내역 공개! 생활비 얼마나 썼을까?
  - 가계부 쉽게 쓰는 꿀팁 공유

- **전자책 주제 관련 책 리뷰(1건)**
  - 재테크 책 리뷰

- **전자책 주제 관련 성공 사례 분석(1건)**
  - 유튜버 ○○ 님의 짠테크 성공 사례 분석

- **객관적인 정보 글(2건)**
  - 가계부 작성을 위해 알아야 할 용어 정리
  - 알아두면 도움 되는 경제 용어 알아보기

정보 글 업로드로 블로그에 방문자가 모이면 마지막에 판매 글을 업로드하면 됩니다. 판매 글은 전자책 판매처에 올려둔 상세페이지(소개 글, 이미지) 구성을 가져와 블로그에 업로드해도 됩니다. 사람들이 전자책을 구매할 수 있도록 판매 글 하단에 전자책 구매 링크를 넣어주세요.

이 순서로 글을 10개만 올려도 신규 고객들이 새롭게 유입되는 마케팅 효과를 보실 수 있을 겁니다.

블로그로 마케팅 효과 극대화하기

블로그 마케팅 효과를 극대화하기 위한 운영 꿀팁을 소개합니다. 블로그 운영을 위해 따로 수십만 원짜리 강의를 듣지 않아도 됩니다. 블로그를 처음 시작하더라도 이 방법만 알면 충분히 블로그로 마케팅 효과를 얻을 수 있을 겁니다.

첫째, **글 쓸 때 키워드를 사용하세요.** 네이버는 검색 기반 플랫폼입니다. 검색 창에 키워드를 검색하면 VIEW 영역에 블로그 글들이 노출되는 구조이죠. 블로그 글을 쓸 때 제목과 본문에 키워드를 넣어보세요. 제목에 한 번, 본문에는 3~5번 키워드를 반복해서 넣으면 됩니다. 키워드 검색 시 VIEW 영역에 글이 노출되어 사람들이 글을 보러 들어오게 됩니다.

여기서 중요한 점은, 검색 창 상단에 글이 노출될수록 많은 사람이 글을 보러 들어오게 된다는 겁니다. 대부분 검색 창 상단에 올라와 있는 글들을 위주로 봅니다. 군이 10페이지 이상 넘기면서까지 글을 보지는 않죠.
검색 창 상단에 글이 노출되기 위해서는 검색량이 비교적 적은 세부 키워드를 쓰는 게 좋습니다. 예를 들어 '스타벅스 텀블러' 같은 인기 키워드는 이미 너무 많은 블로거가 사용하고 있습니다. 많은 블로거가 쓰는 만큼 상위 노출 경쟁이 치열해 글이 뒤로 밀리기 쉽습니다. 하지만 '스타벅스 텀블러 가격', '스타벅스 텀블러 세척' 같은 세부 키워드는 사용하는 블로거수가 비교적 적어 상위 노출 경쟁이 덜할 수 있다는 것이죠.

키워드를 찾을 때는 다음의 3가지 방법을 활용할 수 있습니다. 먼저, 검색 창에 키워드를 입력하면 하단에 뜨는 '**자동완성어**'를 참고하는 방법이 있습니다.

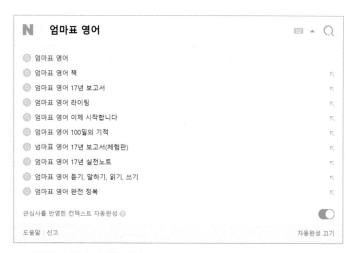

▲ 자동완성어를 참고하여 키워드 찾기

또한 특정 키워드를 검색하면 함께 뜨는 **'연관 검색어'를 살펴봅니다.**

▲ 연관 검색어를 참고하여 키워드 찾기

마지막으로 **네이버 키워드도구를 활용**할 수도 있습니다. 네이버 광고 시스템(searchad. naver.com/my-screen) 접속 후 우측 상단의 [광고시스템]→[도구]→[키워드 도구]로 접속해주세요. '키워드' 항목에 키워드를 입력하고 [조회하기]를 누르면 아래에 연관 키워드가 조회됩니다. 연관키워드 리스트를 참고하여 원하는 키워드를 찾을 수 있습니다.

📖 잠깐만요 **키워드 찾기 TIP**

- 키워드마스터(whereispost.com/keyword)라는 사이트에 접속하면, 키워드를 검색하여 각 키워드별 문서 수를 확인할 수 있습니다. 문서 수란 해당 키워드로 발행된 글의 수를 말합니다. 당연히 문서 수가 적을수록 상위 노출에 유리해집니다. 문서 100만 건 중 앞에 노출되는 것보다, 1만 건 중 앞에 노출되기가 더 쉽다는 뜻이죠. 블로그를 처음 시작하는 초보자라면 문서 수가 10000건 미만인 키워드를 찾아 사용해보기를 추천합니다.
- 전자책의 타깃이 검색할 법한 키워드를 사용해야 합니다. 엄마표 영어에 대한 전자책이라면 타깃은 '자녀의 영어 교육에 관심 있는 부모님'이 될 것이므로 그들의 관심사에 부합하는 키워드를 찾아 사용해야 합니다. 예를 들어 '유아 파닉스', '유아 생활 영어', '엄마표 영어 추천 도서', '엄마표 영어 교재', '영어 홈스쿨' 등이 키워드가 될 수 있습니다.

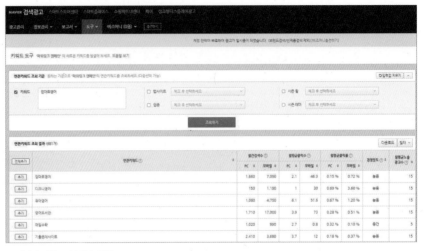

▲ 네이버 키워드도구 접속 화면

둘째, **서로이웃 작업을 진행해보세요.** 서로이웃이란 서로의 블로그를 구독하는 개념입니다. 서로이웃을 신청하여 상대방이 수락하면 서로이웃이 됩니다. 서로이웃을 늘려 그들에게 블로그 글을 노출시킬 수 있습니다.

이웃추가

조야님을 ○ 이웃 ● 서로이웃으로 신청합니다.

이웃과 서로이웃은 무엇인가요?
이웃공개, 서로이웃공개 글은 누가 볼 수 있게 되나요?
블로그 이용 TIP 더보기 >

이웃의 새글은 **네이버 추천·구독**으로 자동으로 배달됩니다.

취소   다음

▲ 블로그 이웃추가 신청 화면

🗨️ 잠깐만요   **서로이웃 신청 성공확률 높이는 법**

서로이웃은 상대방이 수락해줘야 합니다. 상대방이 수락할 확률을 높이기 위해서는 성의를 보이는 것이 좋습니다. 서로이웃 신청 시 멘트를 적는 칸에 자신의 블로그를 소개해주세요. 블로그에 어떤 주제로 글을 올리고 있고, 어떤 점이 도움이 될 수 있을지를 간단히 작성하면 됩니다.

예 안녕하세요, ○○ 님. 저는 엄마표 영어 블로그를 운영하고 있는 조야입니다.
9세 아이를 키우면서 엄마표 영어를 집에서 실천하는 과정을 블로그에 올리고 있습니다!
관심사가 비슷한 것 같아 먼저 서로이웃 신청을 하게 되었습니다. 잘 부탁드립니다.

단, 불특정 다수를 대상으로 서로이웃을 신청하기보다 전자책의 타깃이 되는 사람들을 공략하는 것이 좋습니다. 자신의 전자책 주제와 비슷한 주제로 운영하는 블로그를 찾아, 해당 블로그의 최신 글에 댓글을 달았거나 '좋아요'를 누른 블로거 아이디를 클릭합니다. 해당 블로거 프로필 하단의 [이웃추가] 버튼을 눌러 서로이웃 신청을 걸면 됩니다.

셋째, **오픈채팅방을 활용하세요.** 오픈채팅방에서 블로그 글을 홍보하는 방법도 있습니다. 카카오톡 오픈채팅 검색 기능으로 '블로그'를 검색해보세요. 블로그 글 링크를 공유하는 톡방들을 쉽게 찾을 수 있습니다. 혹은 전자책 주제와 관련된 키워드로 검색하여 정보공유 단톡방에 입장해도 됩니다.

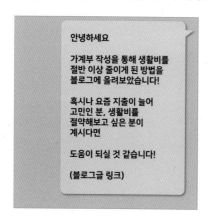

안녕하세요

가계부 작성을 통해 생활비를 절반 이상 줄이게 된 방법을 블로그에 올려보았습니다!

혹시나 요즘 지출이 늘어 고민인 분, 생활비를 절약해보고 싶은 분이 계시다면

도움이 되실 것 같습니다!

(블로그글 링크)

▲ 오픈채팅방에서 블로그 글 홍보하기

단톡방에 입장하여 블로그 글 링크를 공유하고 글을 홍보합니다. 단순히 링크만 올리기보다 어떤 주제의 글이고, 어떤 분들께 도움이 될 수 있을지 간단한 설명을 덧붙여주세요. 그래야 단톡방에서 공유되는 수많은 링크 중 클릭될 확률이 높아집니다.

비용 투자 대비 최고 효율!
SNS 광고

광고대행사에서 일할 때 여러 광고를 다뤄 보았는데, 비용 투자 대비 가장 효율이 좋았던 광고는 'SNS 광고'였습니다. 실제로 하루 3000원 정도 광고비를 투자해 월 300만 원 이상의 전자책 매출을 달성하기도 했습니다.

인플루언서가 아니어도 누구나 광고를 할 수 있습니다. **SNS 팔로워를 모을 필요 없이, 광고비를 지불하면 광고가 노출되는 구조입니다.** 게다가 광고는 한번 세팅해두면 24시간 돌아가게 됩니다. 세팅 한 번으로 꾸준한 성과를 낼 수 있다는 것도 SNS 광고의 장점입니다.

▲ SNS 중 인스타그램을 활용한 광고

SNS 광고 방법은 크게 어렵지 않습니다. 간단한 문구와 이미지만 만들면 되며, 광고를 클릭하면 미리 설정해둔 링크로 연결됩니다. 전자책 상품 링크를 걸어두어 클릭 시 전자책 구입 페이지로 연결되도록 할 수 있습니다. 여러 광고 방법 중, 비용 투자 대비 가장 효율이 높았던 SNS 광고를 소개하겠습니다.

인스타그램 광고 시작하기

인스타그램 계정이 있다면 누구든 '게시물 홍보' 기능으로 광고를 진행할 수 있습니다. 인스타그램에 업로드한 게시물을 홍보하는 기능으로, 개인 계정을 비즈니스 계정으로 전환하면 이 기능을 사용할 수 있습니다.

무작정 따라하기 | **인스타그램 프로페셔널 계정으로 전환하기**

01 인스타그램에 로그인한 후 우측 상단 ≡ 버튼을 탭합니다.

02 [설정]→[계정]을 선택합니다.

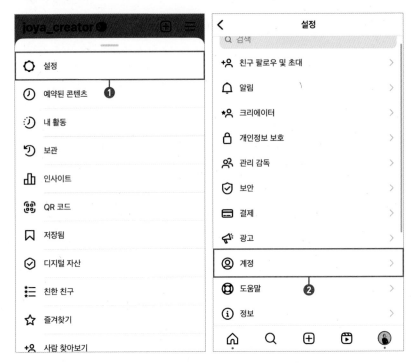

03 [프로페셔널 계정으로 전환]을 탭합니다.

04 [계속]을 클릭해 다음 화면으로 넘어갑니다.

🅟 **TIP**

과정 05에 보이는 화면이 나타날 때까지 여러 번 [계속]을 탭합니다.

05 본인의 계정 성격에 가까운 카테고리를 선택하고 [다음]을 탭합니다.

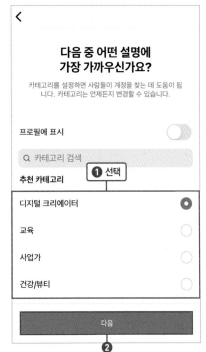

🅟 **TIP**

계정을 처음 만들어 카테고리가 고민된다면 전자책 작가로서 [디지털 크리에이터]를 선택하세요.

06 비즈니스와 크리에이터 중 하나를 선택하고 [다음]을 탭합니다.

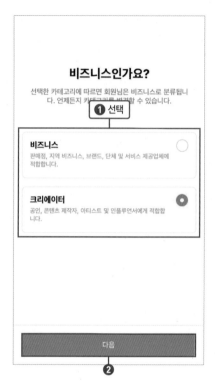

TIP

선택한 카테고리는 인스타그램 계정 프로필에 표시됩니다. 전자책 작가로서 개인 브랜딩을 원한다면 콘텐츠 제작자에 해당하는 [크리에이터] 선택을 추천드립니다.

07 프로페셔널 계정 전환이 완료되면 업로드한 게시물에 [게시물 홍보] 버튼이 활성화됩니다. 이를 사용하여 광고를 진행할 수 있습니다.

01 홍보하고자 하는 게시물 우측 하단의 [게시물 홍보] 버튼을 탭합니다.

💡 **TIP**

앱 버전에 따라 버튼 이름 또는 화면이 조금 다르게 보일 수 있습니다. 주요 메뉴는 그대로이므로 과정을 따라 하는 데는 문제없을 거예요.

02 광고 목표로 [웹사이트 방문 늘리기]를 탭합니다. '웹사이트' 항목에 전자책 판매 링크를 입력하고 '행동 유도 버튼'은 [더 알아보기]를 선택합니다. [완료]를 탭하고 [다음]을 누릅니다.

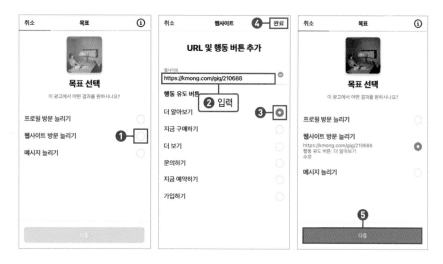

03 '타깃 정의'에서 [자동]을 선택하면 기존 팔로워와 유사한 사람들에게 광고가 노출됩니다. 타깃을 직접 정하고 싶다면 [직접 만들기]를 탭하고 타깃의 위치, 관심사, 연령 및 성별을 설정합니다. 설정이 끝나면 [완료]를 탭하고 [다음]을 누릅니다.

📖 TIP

[직접 만들기]로 타깃 설정 시, '관심사' 항목에 전자책 주제와 관련된 키워드를 입력합니다. 예를 들어 육아 전자책이라면 '육아', '학부모' 같은 관심사 키워드를 입력하면 됩니다. '연령 및 성별'도 전자책의 메인 타깃이 되는 대상으로 직접 설정하면 됩니다.

04 광고 예산 및 광고가 집행되는 기간을 설정합니다. 설정이 끝나면 [다음]을 탭합니다.

📖 TIP

광고 예산은 일단 하루 1만 원 내외 소액으로 최소 3일 이상 테스트해보세요. 광고 효과가 나타나면 그때 광고비 예산을 올려도 됩니다.

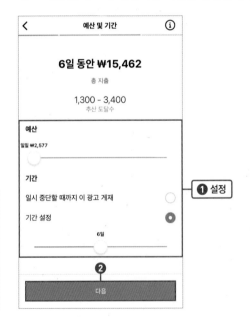

05 '결제' 항목 하단의 [추가] 또는 [변경]을 탭하여 결제 수단을 등록합니다. [결제 수단 추가]→[다음]을 눌러 카드 정보를 입력하고 [저장]을 탭하면 등록된 카드로 광고비가 결제됩니다.

PART 3

📖 **잠깐만요** | **경쟁자 광고 참고하는 법**

어떤 게시물을 만들어 광고할지 막막한가요? 비슷한 제품을 판매하고 있는 경쟁자들의 광고를 참고하는 방법이 있습니다.

❶ 크몽, 와디즈 등 전자책 판매 플랫폼에 등록된 전자책 상품들을 클릭해 들어갑니다.

❷ 인스타그램에 접속하여 홈 화면에 나오는 콘텐츠들을 보다 보면 클릭했던 판매 플랫폼(크몽, 와디즈 등)에서 진행하고 있는 광고를 확인할 수 있습니다. 광고 콘텐츠는 게시글 프로필 하단에 '광고'라고 쓰여 있습니다.

재능마켓, 펀딩 플랫폼은 보통 웹사이트 방문자를 대상으로 광고를 진행하는 경우가 많습니다. 웹사이트를 클릭했던 사람들에게 계속해서 광고를 노출시키는 것이죠. 그렇기에 웹사이트에서 클릭해서 본 상품이 있다면 관련된 광고들이 노출되는 경우가 많습니다. 단, 경쟁자의 광고는 베끼는 것이 아닌, 참고만 하도록 합니다.

▲ 인스타그램에 노출되는 광고

06 광고 설정이 끝나면 [게시물 홍보하기]를 탭하여 광고를 게시할 수 있습니다. 인스타그램에서 광고를 검토하여 이상이 없다면 승인 후 광고가 시작됩니다.

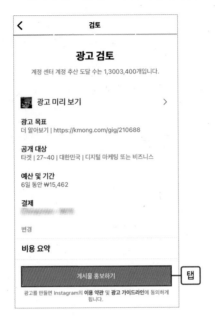

크몽에 전자책 상품을 등록하면, 셀프마케팅을 할 수 있는 링크가 발급됩니다. 기존의 크몽 판매 수수료는 20%이나, 셀프마케팅 링크를 통해 발생된 거래에는 판매 수수료가 10%로 적용됩니다.

SNS 광고 집행 시 크몽 내 셀프마케팅 링크를 활용해보세요. 구매 발생 시 더 높은 수익금을 정산받을 수 있게 됩니다. 크몽 내 [마이크몽]에서 [셀프마케팅]을 클릭해 크몽에 등록한 상품별 셀프마케팅 링크를 복사해 사용할 수 있습니다.

광고 게재 후 해야 할 일

첫째, **광고 데이터를 확인해보세요.** 게시글 좌측 하단의 [인사이트 보기]를 탭하면 몇 명이 광고를 보고, 몇 명이 클릭했는지 등 통계 데이터를 확인할 수 있습니다.

광고 인사이트를 통해 클릭당 비용을 확인해야 합니다. 클릭당 비용이란 '광고 비용÷방문 횟수'를 뜻합니다. 광고비 1000원을 소진하여 웹사이트 방문이 10회 발생했다면, 클릭당 비용은 100원입니다. 광고비 1000원을 소진해 웹사이트 방문이 1회 발생했다면 클릭당 비용은 1000원이 됩니다.

▲ 광고 게재 후 [인사이트 보기]에서 각종 통계 데이터 확인

📖 잠깐만요 광고 기본 용어 알아보기

- 도달: 광고를 본 사람의 수, 즉 광고를 확인한 계정의 수입니다.
- 노출: 광고가 화면에 표시된 횟수입니다.
- 웹사이트 방문: 광고를 클릭해 웹사이트를 방문한 횟수입니다.

▲ 광고 인사이트 화면

179

클릭당 비용은 낮을수록 좋습니다. 광고비를 동일하게 써도 반응률이 낮아 사람들이 광고를 적게 클릭하면 클릭당 비용이 높아지고, 반대로 반응률이 높아 광고를 많이 클릭하면 클릭당 비용이 낮아지게 됩니다.

둘째, 효율이 높은 광고를 집중해서 운영해보세요. 광고 데이터를 확인하여 노출이 잘 안되거나 클릭당 비용이 1~2천 원대 이상으로 너무 높은 광고는 끄는 게 좋습니다. 반대로 클릭당 비용이 1000원 미만이고 광고 이후 광고한 전자책 상품 판매가 발생했을 경우 광고비 예산을 늘려볼 수 있습니다.

전자책 1권을 판매했을 때 남는 순수익보다 광고비 지출이 더 클 때도 광고를 끄는 것이 좋습니다. 또는 기존에 운영했던 광고에서 이미지나 문구를 수정하거나 타깃을 변경하여 다시 테스트해보도록 합니다.

인스타그램 외에도 '페이스북 비즈니스 관리자(business.facebook.com)'라는 광고 운영 도구를 통해 SNS 광고를 집행하는 방법도 있습니다. 페이스북 비즈니스 관리자를 활용하면 광고가 인스타그램과 페이스북에 모두 노출됩니다. 광고 운영을 위한 전문적인 도구이기 때문에 광고의 세부 타깃 설정, 통계 수치 확인 등이 용이합니다. 비즈니스 광고 관리자 사이트에 가입한 후, 광고 계정을 만들어 광고를 진행해볼 수도 있습니다.

📖 **잠깐만요**   **광고로 발생한 매출 확인하는 법**

웹사이트에 추적 스크립트를 심어야 구매, 장바구니 담기 등 고객의 활동을 추적할 수 있게 됩니다. 하지만 추적 스크립트는 본인이 보유하고 있는 웹사이트(개인 자사몰 사이트)에만 설치할 수 있습니다. 즉 재능마켓, 펀딩 플랫폼에는 추적 스크립트를 심을 수 없기 때문에 인스타그램에서 광고로 발생한 구매 건수까지 확인되지는 않습니다. 대신 광고 전후 발생한 매출을 비교하여 광고효과를 간접적으로 예측해볼 수 있습니다.

특별부록
1

조야's
전자책 컨설팅
사례 모음

01 ▶ 두 아이 육아맘 전자책 성공 사례

11년 차 유치원 영어교육자가 말하는 <엄마표 영어 놀이법>

모인금액
590,200 원 **118%**

남은시간
0 초

후원자
28 명

목표금액   500,000원 달성
펀딩 기간   2022.12.13 ~ 2023.01.03   마감
결제   2023.01.04에 결제 진행

♥ 70   ⌘ 16   **후원 정보 확인하기**

저자 인터뷰

Q 간단한 자기소개 부탁드립니다.

안녕하세요. 저는 11년 차 유치원 영어 교사 '쿠도스'라고 합니다.

Q 어떻게 이 주제로 전자책을 쓰게 되었나요?

제 전자책의 주제는 '엄마표 영어'입니다. 제가 제일 관심 있고 잘하는 분야를 선택했어요. 영어 교사이다 보니, 평소 아이 엄마들이 저에게 영어 교육에 대한 조언을 많이 구하기도 했고요. 저 역시 아이 둘을 키우는 엄마로서 엄마들의 입장을 충분히 이해하고 해줄 수 있는 이야기가 많을 것 같았습니다.

Q 어떤 분들에게, 어떤 도움을 주는 전자책인가요?

유아부터 초등학교 저학년까지 적용할 수 있는 엄마표 영어 교육 방법이고요. 가정에서 엄마가 아이 영어를 어떻게 도울 수 있을지에 대해 기초부터 가이드를 드리는 책입니다. 단순히 이론적인 내용을 다루는 데 그치지 않고 실제로 집에서 따라 해볼 수 있는 내용을 함께 담았습니다.

예를 들어 2주 동안 집에서 실천해볼 수 있는 영어 놀이 플랜, 아이들과 따라 부르기 좋은 노래 모음 등을 넣었습니다.

◎ 전자책 분량은 어느 정도이며, 쓰는 데 얼마나 걸렸나요?

전자책 분량은 65장 정도입니다. 매일 1시간 정도 투자해 2주 만에 완성했습니다. 1차로 빠르게 초고를 완성하고, 그다음 퇴고하는 식으로 썼습니다.

◎ 전자책을 완성할 수 있었던 비결은 무엇인가요?

조야 님이 운영하는 전자책 챌린지 모임에 들어갔어요. 다 같이 전자책 쓰기에 도전하는 모임이었습니다. 같은 목표를 가진 사람들과 함께하니 확실히 동기부여가 되더라고요. 무엇보다 조야 님에게 배운 내용을 실전에 적용해서 빨리 성과를 내보고 싶다는 욕심도 있었던 것 같아요.

◎ 글은 어떤 식으로 써 내려갔나요?

'얘기하듯 편하게 쓰라'는 조야 님의 조언을 듣고 부담 없이 글을 써 내려갔습니다. 책을 쓰려면 뛰어난 글솜씨가 있어야 하는 줄만 알았어요. 자연스럽게 말하는 것처럼 써도 된다는 팁이 큰 도움이 됐습니다.

평소에 친하게 지내는 엄마들에게 제가 아는 것들을 알려주는 느낌으로 글을 썼어요. 완성한 책을 아이 엄마들이 읽어보시곤 문제가 친근해서 오히려 더 좋았다는 반응이 많았습니다.

내용 측면에서 영어에 대해서는 아주 자신 있었지만 아동발달학적인 내용도 필요할 것 같아 관련 책을 찾아보는 등 추가로 자료 조사를 했습니다. 이렇게 관련 자료를 추가로 찾아본 것이 글 쓰는 데에 도움이 많이 됐던 것 같아요.

◎ 전자책을 판매하고 느낀 점이 있나요?

우선은 성취감이 컸습니다. 10년 넘게 같은 일만 해온 제게 전자책 쓰기는 새로운 도전이었습니다. 처음에 주변에서는 '직장도 있고 애를 둘이나 키우는데 뭘 또 한다고?' 같은 반응이었어요. 하지만 실제로 전자책을 쓰고 나니 다들 대단하다고 이야기합니다.

사실 과거에 공황장애가 있었는데요. 우연히 조야 님을 통해 전자책에 대해 알게 됐고, 누구든 해볼 수 있단 말에 저도 도전하게 됐습니다. 막상 시작하니 부담도 됐지만, 제 인생의 큰 프로젝트를 하나 해낸 느낌이에요. 엄마들이 궁금해하는 게 뭔지 시장 조사도 해보고, 전자책 완성 후 피드백도 들어보고, 일련의 과정들을 하나씩 해내며 엄청난 성취감을 느꼈습니다. 그 덕분에 정말 생동감 넘치는 나날을 보내게 된 것 같아요.

최근에는 엄마들을 대상으로 자녀 영어 교육에 대한 강의 제안도 받았습니다. 무려 250명이나 되는 청중 앞에서 제 전자책에 대한 내용을 강의하기로 했습니다. 전자책을 만든 경험이 제 이력이 되더라고요.

반복되고 무료했던 일상에 생동감이 생겼어요. 조야 님을 만난 게 제겐 정말 큰 행운이라고 생각합니다.

대표 이미지

책 목업 이미지를 사용하여 핵심 문구인 '엄마표 영어 놀이법'을 강조했습니다.

제목

전자책 제목은 '11년 차 유치원 영어교육자가 말하는 <엄마표 영어 놀이법>'입니다. 이 제목에는 두 가지 카피라이팅 기술이 적용되었습니다.

① '방법, 노하우, 꿀팁' 사용하기

'방법', '노하우', '꿀팁' 같은 단어를 사용해 궁금증을 유발합니다.

② 강화

저자의 경력을 밝혀 신뢰도를 높이는 '강화' 기법을 사용했습니다. '11년 차 유치원 영어교육자'라는 점을 내세워 타깃이 되는 엄마들의 신뢰도를 얻을 수 있습니다.

목차

Before

1. 엄마표 영어, 정말 제가 할 수 있을까요?

- 꾸준함의 힘

- 엄마 교사로서 자신감 갖기

- 넌 뭐가 제일 즐겁니? - 우리 아이 성향 알기

- 영어 호감도 높이기 - 엄마와 함께 is 뭔들

2. 엄마표 영어, 무엇을 해야 할까요?

- 우리 집 영어 환경 만들기

- 미디어 활용하기

- 요즘 핫한 STEM 교육 + 연간계획표

- 참고할 만한 자료들

3. 엄마표 영어, 어떻게 해야 할까요?

- Listening

- Speaking

- Reading

- Writing

피드백① 목차 개수 늘리기

목차는 적어도 15개 이상 만드는 것이 좋습니다. 목차의 개수를 늘려 전자책에서 많은 내용을 다루고 있다는 점을 어필해야 하기 때문입니다. 전자책은 내용을 미리 확인하고 구매할 수 없기 때문에, 같은 내용이어도 목차가 3개인 것과 목차가 20개인 것에는 차이가 있습니다. 사람들은 당연히 목차의 개수가 많을 때 전자책에서 얻어갈 수 있는 내용이 많다고 느낍니다.

엄마표 영어의 Listening, Speaking, Reading, Writing, 각 단계별 세부 목차를 추가로 구성해주세요. 이를 위해 먼저 엄마들이 각 단계별로 어떤 고민과 질문이 있는지를 조사해보도록 합니다.

예시

- 기초 단어와 문법은 어떻게 공부하나요?
- 영어 말하기를 연습하는 방법이 있나요?
- 영어 듣기는 어떻게 시작하면 될까요?

수집한 질문과 고민을 토대로 '이것만 알아도 된다! 기초 단어 & 문법 정복하기', '영어 말문 트이는 일상 영어 대화법', '아이들이 좋아하는 동요 & 애니메이션 듣기로 시작하기' 등의 목차를 만들 수 있습니다.

피드백② 단기간에 가능함을 어필하기

목차에 영어 '연간계획표'가 제시되어 있습니다. 아직 엄마표 영어가 서툰 엄마들에게는 연간계획표가 어렵고 막막하게 느껴질 수 있습니다. 하루, 일주일, 한 달 등 비교적 단기간에 가능한 방법을 제시해야 메리트를 느끼게 됩니다. 연간계획표보다는 '2주 플랜'과 같이 단기간에 성취할 수 있는 계획표를 제시해보세요.

피드백③ 이득을 드러내는 카피라이팅을 적용하세요

이 전자책을 읽으면 어떤 이득을 얻을 수 있는지를 드러내야 합니다.

예시

- 영어 흘려듣기
  ➜ 자막 없이도 들리는 흘려듣기의 마법
- 영어 집중듣기
  ➜ 알파벳, 파닉스 몰라도 가능한 집중듣기 방법
- 영어 환경 만들기
  ➜ 영어에 흥미가 생기는 '영어 환경 세팅법' 3가지

After

1. 엄마표 영어 필요한 이유
- 엄마표 영어, 왜 어렵게 느껴질까?
- 내 아이 영어, 엄마의 역할이 중요한 이유
- 사교육 이기는 엄마표 영어 특징

2. 엄마표 영어, 뭐부터 해야 할까?
- 엄마표 영어 시작을 위한, 내 아이 성향 파악하기
- 엄마와 함께 is 뭔들! 영어 호감도 높이기
- 영어에 흥미가 생기는 영어 환경 세팅법 3가지
- 영어가 어려운 엄마들을 위한 기초 영어 5가지

3. 엄마표 영어 STEP1: Listening
- 흘려듣기 & 집중듣기란?

- 자막 없이도 들리는 흘려듣기의 마법
- 알파벳, 파닉스 몰라도 가능한 집중듣기 방법
- 아이들이 좋아하는 동요 & 애니메이션 듣기로 시작!

4. 엄마표 영어 STEP2: Speaking
- 쉽게 따라 하는 파닉스 자음 & 모음
- 동요와 동화책으로 재미 붙이는 스피킹
- 스피킹을 위한 단계별 책 추천
- 영어 말문 트이는 일상 영어 대화법

5. 엄마표 영어 STEP3: Reading
- 이것만 알아도 된다! 기초 단어 & 문법 정복하기
- 박수 치며 신나게! 아이가 좋아하는 동화책, 동요
- 따라 읽기로 직접 오디오북 만들어보기
- 스스로 영어책 읽기, 어떻게 시작할까?

6. 엄마표 영어 STEP4: Writing
- 흰 종이에 뭐부터 써볼까?
- 스스로 글쓰기에 재미 붙이게 하는 법
- 첫 영어 글쓰기: 영어 일기 써보기

7. 엄마표 영어, 14일 단위 성취감 누리기
- 14일 단위 학습이 필요한 이유
- 하루 20분, 매일 하는 엄마표 영어 2주 플랜
- 엄마표 영어 1년, 아이가 스스로 읽고 말해요!

상세페이지(소개 글)

전자책 코칭으로 완성한 상세페이지 텍스트 구성입니다.

1. 경력 사항 제시

안녕하세요. 11년 차 유치원 영어교육자 '쿠도스'입니다.

2. 고객이 가진 문제 상기

아이들 영어, 왜 어렵게만 느껴질까요?

3. 고객과 공감대 형성

영어를 공부로 어렵게만 접근하기 때문입니다.

아이들을 대상으로 11년간 영어 교육을 담당하며,

가장 효과적인 학습법은 '놀이'라는 걸 깨달았습니다.

4. 문제를 해결하고 얻은 변화

억지로 시켜서 하는 공부보다

영어를 '놀이'로 접근할 때

아이들은 영어에 훨씬 재미를 느끼고 자신감을 가집니다.

하루 20분으로

자연스럽게 영어가 들리고, 말이 나오는

재미있는 영어 놀이법을 알려드리겠습니다.

5. 다른 전자책과의 차별점

- 11년 차 영어 유치원 교사가 엄마표 영어에 대해 알려드립니다.

- 하루 20분! 엄마표 영어 2주 플랜을 제공해드립니다.

- 집에서 쉽게 따라 할 수 있는 다양한 영어 놀이법을 알려드립니다.

- 아이들이 좋아하는 영어 노래 & 애니메이션 리스트를 드립니다.

6. 후기 인용

- 정말 집에서 쉽게 시작해볼 수 있겠다는 생각이 들어요!

- 실현 가능한 방법들을 제시해줘요!

- 하루 20분으로 부담 없이 시작할 수 있어요!

7. 필요한 대상

- 아이의 영어 잠재력을 키워주고 싶은 분

- 영어 놀이로 아이와 친밀한 시간을 갖고 싶은 분

- 아이 영어 교육에 관심 있는 분

- 영어를 재밌게 알려주고 싶은 분

8. 이 전자책을 만든 이유(스토리)

오랜 기간 아이들의 영어 교육을 담당하며

'어떻게 하면 아이들이 영어에 재미를 느끼게 할까' 많은 고민을 해왔습니다.

아이들이 영어에 쉽고 재밌게 접근하는 방법은 결국 '놀이'라는 사실을 알게 됐습니다.

실제로 두 자녀의 엄마이기도 한 저는

하루 20분, 엄마표 놀이로 아이들의 영어 실력이 쑥쑥 자라는 것을 체험하고 있습니다.

아이들이 먼저 찾는! 하루 20분 영어 놀이법 A to Z를 알려드리겠습니다.

상세페이지(이미지)

- 전자책 페이지 일부 캡처본
- 영어 교육 자격증 이미지
- 아이와 영어 놀이를 진행하는 사진 및 동영상

가격

1만 원대

후기

전자책의 타깃이 되는 엄마들에게 전자책을 제공하고 후기를 받았습니다.

마케팅

블로그를 개설해 마케팅을 진행했습니다. '영어 공부를 위한 환경 만들기', '영어 원서 구매하는 법', '1분 만에 영어 공부 노트 만드는 법' 등 엄마표 영어와 관련된 정보 글을 업로드해 잠재 고객을 모으고, 판매 글(펀딩 홍보 글)을 올리는 순서로 마케팅을 진행했습니다.

<퍼스널 컬러로 나에게 맞는 스타일링 찾기>

모인금액
900,000원 **180%**

남은시간
0초

후원자
60명

목표금액   500,000원 달성
펀딩 기간   2023.02.12 ~ 2023.03.04 마감
결제   2023.03.05에 결제 진행

♡ 213   ⤳ 8   펀딩이 마감되었습니다

저자 인터뷰

◉ 간단한 자기소개 부탁드립니다.

안녕하세요. 저는 퍼스널 컬러에 관심이 많아 퍼스널 컬러 전자책을 내게 된 'SSun'이라고 합니다.

◉ 어떻게 이 주제로 전자책을 쓰게 되었나요?

처음엔 전자책 주제를 뭘로 해야 할지 막막했어요. 하지만 조야 님의 전자책 강의를 듣고 내가 잘하는 영역, 좋아하는 영역을 떠올려보니 가장 적합한 주제가 '퍼스널 컬러', '스타일링' 분야라는 생각이 들더라고요.

평소에 코디나 스타일링에 관심이 많아 인터넷, 잡지, 책을 보며 정보를 많이 찾곤 했습니다. 그래서인지 20대 초중반에 친구들이 옷이나 화장품을 살 때 저한테 조언을 많이 구하더라고요. 친구들에게 분위기에 어울리는 스타일링을 조언해주고, 실제로 도움이 됐다는 피드백을 많이 받았습니다. 이렇게 평소에 주변 친구들이 저에게 하는 질문들이 뭐였는지를 고민하다 주제를 찾게 됐습니다.

◉ 어떤 분들에게, 어떤 도움을 주는 전자책인가요?

제 전자책은 자신에게 맞는 스타일링을 아직 찾지 못한 초보자분들을 위해 만들었습니다.

그런 분들이 누구나 자신의 퍼스널 컬러를 찾고, 자신에게 어울리는 스타일과 분위기를 찾아가는 방법에 대해 다룹니다. 명도, 채도, 톤 등 색상에 대한 기초 설명부터 퍼스널 컬러를 어떻게 진단하고, 어떻게 자신에게 어울리게 스타일링하면 되는지에 대해 자세하게 담았습니다.

⊙ 전자책 분량은 어느 정도이며, 쓰는 데 얼마나 걸렸나요?

전자책 분량은 약 80장입니다. '퍼스널 컬러' 개념은 시각적인 자료를 통해 이해를 높일 수 있다고 생각해 시각 자료의 분량이 많습니다. 각 개념 설명에 필요한 시각 자료를 찾는 데 시간이 걸렸고, 자료 찾는 시간을 포함하여 하루 3시간 정도씩 투자해 한 달 만에 전자책을 완성했습니다.

⊙ 전자책을 완성할 수 있었던 비결은 무엇인가요?

제 인생 버킷리스트 중 하나가 바로 '책 쓰기'였는데요. 호랑이는 죽어서 가죽을 남기고, 사람은 죽어서 이름을 남긴다는 속담이 있죠. 살면서 기록을 남기는 일을 꼭 해보고 싶었는데 우연히 전자책을 알게 되어 우선 전자책부터 한번 써보자는 목표가 생겼습니다. 이루고 싶은 목표가 생기고 나니 동기부여가 되어 무사히 전자책을 완성할 수 있었던 것 같아요!

⊙ 글은 어떤 식으로 써 내려갔나요?

조야 님이 주신 팁 중에 '말하듯이 편하게 쓰라'는 점을 생각하며 썼습니다. 주변 지인에게 이 정보에 대해 쉽게 알려준다는 느낌으로 글을 써 내려갔어요.

그리고 인물 사진, 색상 사진, 코디 사진 등 시각 자료를 많이 활용했습니다. 주로 무료 이미지 사이트에서 자료를 찾아 사용했고, 스타일링 관련해서는 저 자신을 예로 들며 과감하게 제 사진을 사용하기도 했습니다.

⊙ 전자책을 판매하고 느낀 점이 있나요?

제 인생의 버킷리스트 중 하나를 해냈다는 성취감이 정말 컸습니다. '과연 이게 될까?'라는 의구심에서 '나도 할 수 있구나' 하는 자신감이 생겼습니다. 또 다른 사이드 잡이나 목표도 노력하면 성취해낼 수 있겠다는 자신감이 붙기 시작한 것 같아요. 전자책을 집필하는 과정에서 제가 크게 성장한 것 같다는 생각이 듭니다.

성공 요인 분석

대표 이미지

전자책 목업 이미지로 핵심 문구인 '퍼스널 컬러'를 강조했습니다.

제목

전자책의 제목은 '퍼스널 컬러로 나에게 맞는 스타일링 찾기'입니다. 제목에 '퍼스널 컬러'라는 핵심 키워드가 들어가 있습니다. '퍼스널 컬러' 네이버 검색량은 무려 12만 회, 유튜브 관련 영상 조회수는 90만 회 이상일 정도로 인기 있는 주제입니다(2023년 3월 기준). 수요가 많은 주제를 선택할수록, 판매가 잘될 확률도 높아집니다. 또한 '누구나 가능하다'는 점을 어필했습니다.

> **TIP** 수요가 많은 주제를 택할수록, 마케팅을 별도로 진행하지 않아도 판매가 잘될 확률이 높아집니다.

목차

전자책 코칭을 통해 목차를 구성해나간 과정을 보여드리겠습니다.

Before

[INTRO]
코디 초보에서 패션 센스 탑재하기까지의 과정

1. 컬러의 기초
- 컬러란 무엇인가?
- 퍼스널 컬러란 무엇인가?

2. 시각의 기초
- 수축과 팽창

- 집중과 분산
- 확대와 축소
- 착시현상

3. 내 자신을 먼저 알자!
- 나의 장단점 알기
- 내가 가진 이미지 파악하기
- 나에게 어울리는 컬러는?
- 나의 옷장 파악하기

4. 코디의 기초
- 기본 아이템
- 확장 아이템
- 유행 아이템, 얼마나 있어야 할까?

5. 코디의 시작
- 기초를 활용한 코디
- 체형별 코디
- 내가 가진 컬러 + 어울리는 컬러를 활용하라
- 계절별 코디

6. 코디의 응용
- 기초 코디에서 응용해보자
- 이미지별 코디
- 포인트 코디
- 앱, 쇼핑몰 활용하는 코디

7. 마치며

피드백① 목차에 '퍼스널 컬러' 관련 내용 추가하기
전자책의 메인 주제는 '퍼스널 컬러'인데, 목차에 '퍼스널 컬러'와 관련된 제목이 많지 않습니다. 주제와 관련하여 사람들이 갖고 있는 고민과 질문을 수집해 목차로 구성해야 합니다.

예시

- 퍼스널 컬러는 어떻게 진단할 수 있나요?
- 퍼스널 컬러에 맞는 색상은 무엇인가요?
- 퍼스널 컬러에 어울리는 코디, 화장은 어떻게 하나요?

수집한 질문과 고민을 토대로 '퍼스널 컬러 진단법', '퍼스널 컬러에 맞는 코디법', '퍼스널 컬러에 어울리는 메이크업' 등의 목차가 나올 수 있습니다.

피드백② 사례·예시 추가하기

사례와 예시를 활용하면 내용을 이해하기가 훨씬 쉬워집니다. 퍼스널 컬러에 대한 이론 설명도 좋지만 실제 사례, 예시들도 추가해주세요.

예를 들어 '웜톤 & 쿨톤에 따른 메이크업 사례', '퍼스널 컬러에 맞는 코디 사례', '퍼스널 컬러를 적용한 코디 Before & After'와 같은 내용을 추가해볼 수 있습니다.

피드백③ 이득을 드러내는 카피라이팅 적용하기

이 전자책을 읽으면 어떤 이득을 얻을 수 있는지를 목차에 드러내야 합니다.

예시

- 퍼스널 컬러 코디
  ➔ 연예인 스타일리스트도 쓰고 있는 퍼스널 컬러 코디법
- 액세서리 착용
  ➔ 센스 있다는 소리 듣는 퍼스널 컬러 액세서리 착용 TIP
- 이미지별 코디
  ➔ 분위기를 확! 살려주는 이미지별 코디

After

1. 퍼스널 컬러, 그게 뭔가요?
- 퍼스널 컬러란?
- 이것만은 꼭 알자! 색상, 명도, 채도
- 플러스 알파! '톤(Tone)'
- 색상 하나로 이미지 확 바뀐다? 색상의 시각효과

2. 계절별로 보는 퍼스널 컬러

- 밝음과 상큼함의 조화, 봄

- 우아함과 부드러움의 아이콘, 여름

- 고급스러운 차분함, 가을

- 세련된 차도녀 그 자체, 겨울

3. 내 퍼스널 컬러 찾기

- 색알못도 100% 가능한 퍼스널 컬러 진단법

- 사계절 컬러 & 분위기 자가진단 체크리스트

4. 퍼스널 컬러에 맞는 코디 하기

- 연예인 스타일리스트도 쓰고 있는 퍼스널 컬러 코디법

- 센스 있다는 소리 듣는 퍼스널 컬러 액세서리 착용 TIP

- 얼굴이 확 살아난 코디 사례 Before & After

5. 퍼스널 컬러에 맞는 메이크업 하기

- 나에게 딱 맞춘 퍼스널 컬러 메이크업 방법

- 메이크업만 바꿔 예뻐졌다는 소리 듣게 된 사례 Before & After

6. 책을 마치며

7. 부록

- 옷은 어디서 사나요? 찰떡 분위기 쇼핑몰 추천

- 퍼스널 컬러별 맞춤 화장품 리스트 추천

- 분위기 한 스푼 추가! 사계절 맞춤 향수 리스트

상세페이지(소개 글)

전자책 코칭으로 완성한 상세페이지 텍스트 구성입니다.

1. 경력 사항 제시

- 시각디자인 전공

- 컬러리스트, 시각디자인 산업기사 자격증 취득

2. 고객이 가진 문제 상기

한 번쯤 이런 고민 해본 적 있지 않나요?

'첫인상, 어떻게 보이면 좋을까?'

'나에게 어울리는 코디, 화장법은 뭘까?'

'웜톤? 쿨톤? 너무 어려워요.'

웜톤? 쿨톤?

피부 톤과 머리색에 따라 나에게 어울리는 색상이 있다는 사실 알고 계신가요?

이걸 모르면 옷, 화장품, 각종 아이템을 사놓고 어울리지 않아 돈 낭비만 하게 됩니다.

3. 고객과 공감대 형성

저 역시 시대의 유행만 좇으며 어울리지 않는 스타일링을 하곤 했습니다.

4. 문제를 해결하고 얻은 변화

하지만 공부를 하면서 나에게 맞는 컬러와 스타일링이 있다는 걸 알게 되었고, 이제는 퍼스널 컬러를 찾아 그에 맞게 스타일링을 하고 있습니다.

그 덕분에 지인들을 만나면 못 본 사이에 분위기가 좋아졌단 이야기를 많이 들어요.

퍼스널 컬러에 대해 잘 모르는 분들을 위해

내 퍼스널 컬러를 파악하고 멋지게 꾸미는 법을 알려드립니다.

5. 다른 전자책과의 차별점

- 컬러 전문 자격증을 가진 전문가가 색에 대한 기초를 알려드립니다.

- 퍼스널 컬러를 직접 진단할 수 있는 카드를 드립니다.

- 퍼스널 컬러 맞춤 코디 & 메이크업을 알려드립니다.

- 쇼핑몰, 향수, 화장품 리스트를 제공해드립니다.

6. 후기 인용

- 어떻게 꾸며야 할지 잘 모르는 분들께 추천해요!

- 퍼스널 컬러에 대한 개념을 잡을 수 있었어요!

- 나에게 어울리는 코디와 메이크업을 알게 됐어요!

7. 필요한 대상

- 자신에게 어울리는 색과 스타일을 찾고 싶은 분

- 온·오프라인 쇼핑몰 실패 경험이 많은 분

- 내 스타일에 센스를 2% 추가하고 싶은 분

8. 이 전자책을 만든 이유(스토리)

스타일링이 어려운 분들을 위해 누구나 손쉽게 퍼스널 컬러를 찾고 스타일링할 수 있도록 이 책을 만들게 되었습니다.

상세페이지(이미지)

- 전자책 페이지 일부 캡처본
- 컬러리스트, 시각디자인 자격증 사진
- 퍼스널 컬러를 적용한 Before & After 사진

가격

1만 원대

후기

전자책의 타깃이 되는 10~30대 여성을 대상으로 전자책을 제공하고 후기를 받았습니다.

마케팅

텀블벅에 펀딩 프로젝트를 등록해 고객을 확보할 수 있었습니다. 별도의 마케팅은 진행하지 않았습니다.

03 프리랜서 부업으로 전자책 성공 사례

그림에 쉽게 접근하고 투자하는 아트테크

모인금액
1,169,000원 **233%**

남은시간
0 초

후원자
70 명

목표금액   500,000원 달성
펀딩 기간   2022.07.28 ~ 2022.08.18 마감
결제   2022.08.19에 결제 진행

❤ 204   ✄ 11   후원 정보 확인하기

저자 인터뷰

Q 간단한 자기소개 부탁드립니다.

안녕하세요. '아이엘'이라고 합니다. 본업은 강사이며 부업으로 캐릭터 작가 및 아트 딜러 일을 하고 있습니다.

Q 어떻게 이 주제로 전자책을 쓰게 되었나요?

처음엔 '내가 과연 책을 쓸 만큼 많이 아는 분야가 있나?'라는 생각에 고민이 많았는데요. 조야 님께서 관심 분야가 있다면 전자책으로도 쓸 이야기가 많을 것이라는 말씀과 함께, 대중에게 어필할 수 있는 주제를 선택하라는 조언을 해주셨어요. 그래서 평소 주요 관심사였던 '아트테크(미술 투자)'를 선택하게 됐고, 제목에도 재테크 요소를 집어넣었습니다.

미술 전공은 아니었지만 미술 작품을 좋아해서 10년 전부터 많이 보러 다녔어요. 부업으로 아트 딜러 일을 시작하게 되면서 미술의 투자 가치까지도 알게 됐고요. 미술 작품을 감상하며 얻을 수 있는 즐거움을 많은 분이 쉽게 접할 수 있으면 좋겠다는 마음으로 책을 썼습니다.

Q 어떤 분들에게, 어떤 도움을 주는 전자책인가요?

전자책을 쓰면서 목표가 하나 있었습니다. 세상에서 제일 쉬운 미술책을 써보자, 초등학생도 볼 수 있도록 쉬운 내용을 담아보자는 거였어요. 미술품 감상은 어렵고 돈이 많은 사람들만의 전유물이라는 인식이 있는 것 같아요. 저도 미술을 처음 접할 때 그런 생각을 가지고 있었고요. 하지만 막상 시작하고 보니 누구나 쉽게 접근할 수 있겠더라고요.

미술에 대해 잘 몰랐던 시절의 저에게 설명하는 느낌으로 서술했습니다. 갤러리에 편하게 입고 가도 되는지, 미술 갤러리는 어디에 있고 작품은 어떻게 봐야 하는지 등 왕초보자도 쉽게 작품을 감상하고 투자에도 도전해볼 수 있는 방법들을 전자책에 수록했습니다.

◎ 전자책 분량은 어느 정도이며, 쓰는 데 얼마나 걸렸나요?

전자책을 쓰기 시작했을 때는 전체 분량이 10장이나 될까 싶었어요. 하지만 막상 쓰다 보니 자신감이 붙어 100장 이상의 분량이 나오게 되었어요.

전자책을 쓰자고 마음먹고 3~4개월 동안은 글을 쓰다 멈추다를 반복했어요. 그러다 우선 텀블벅에 전자책 펀딩 프로젝트를 등록하게 됐는데요. 펀딩이 시작되고 나서 7일 만에 전자책을 완성했습니다. 후원금이 모이고, 할 수밖에 없는 상황이 되니 바로 쓰게 되더라고요.

◎ 전자책을 완성할 수 있었던 비결은 무엇인가요?

전자책을 쓰는 3~4개월 동안 계속 미루기만 했습니다. 한번 핑계를 대기 시작하니 계속 미루게 되는 것 같아요. 그런데 조야 님이 옆에서 코칭과 함께 채찍질을 많이 해주셨어요. '과연 내가 전자책을 완성할 수 있을까?' 의구심이 들 때 조야 님이 옆에서 많은 힘이 되어주셨어요. 이 기회를 빌려 정말 감사하다는 말씀 드리고 싶어요!

그리고 전자책을 완성하는 데에 전자책 펀딩이 도움이 됐어요. 펀딩 마감 후 전자책 파일을 전달하기로 되어 있다 보니, 마감 기한이 생겨 집중해서 글을 쓰게 되더라고요. 이렇게 전자책을 쓸 수밖에 없는 환경을 만드는 것도 중요한 것 같습니다.

◎ 글은 어떤 식으로 써 내려갔나요?

우선 어떤 내용을 쓸지 정리가 필요했어요. 카테고리를 나누고 제가 쓸 수 있는 내용과 다른 사람을 인터뷰해서 쓸 내용을 나눴습니다. 인터뷰는 주로 제 지인을 대상으로 진행했어요. 아트테크가 주제였기에 미술 투자를 하는 분들, 미술을 좋아하는 분들께 인터뷰를 요청했습니다. 추가로 인스타그램에서 미술 관련 일을 하는 분들을 검색해 DM을 보내 인터뷰를 요청하기도 했어요. 간단히 인터뷰 주제에 대해 말씀드린 후 DM으로 질문을 드리고 답변을 받아 전자책에 인용하기도 했습니다.

그리고 사진이나 그림을 많이 활용하려 했습니다. 초등학생 대상 책을 보면 그림과 사진이 많이 들어가잖아요. 왕초보자를 위한 전자책을 목표로 했기에 그림과 사진으로 최대한 쉽게 설명하려 했어요.

◎ 전자책을 판매하고 느낀 점이 있나요?

텀블벅 펀딩을 통해 전자책을 내게 되었는데요. 펀딩 직후 드라마틱한 변화는 크게 없었어요. 이제 나도 책을 낸 작가구나, 하는 생각이 드는 정도였죠. 그런데 두세 달 후에 온라인 강의 플랫폼에서 인강 제작 제안이 들어오더라고요. 최근에는 방송 출연 제안도 받게 됐고요. 생각지도 못한 기회들이 하나씩 생기는 게 너무 신기합니다.

항상 책을 쓰고 싶다는 생각을 해왔는데 실제로 실천에 옮기고 나니 자신감이 생겼어요. 몇 년간 생각만 했던 일을 이렇게 성취하고 나니, 다른 일에 도전할 때에도 자신감이 생기더라고요. 전자책을 썼던 경험이 새로운 일을 할 때도 큰 힘이 됐어요. 첫 번째 책을 썼던 경험을 토대로 지금은 두 번째 책까지 준비하고 있습니다.

성공 요인 분석

대표 이미지

책 목업 이미지로, '그림으로 돈 번다'는 핵심 문구를 강조했습니다.

제목

전자책의 제목은 '그림에 쉽게 접근하고 투자하는 아트테크'입니다. 아트테크에 대해 어렵게 생각하는 사람들이 많은 현실을 고려하여 '누구나 쉽게 할 수 있다'는 점을 어필했습니다.

목차

목차의 성공 요인을 분석해보겠습니다.

1. 아트테크, 왜 해야 할까?
 - 안 하면 손해라는 아트테크, 과연 무엇이길래
 - 적금 이자보다 수익률이 높을 수밖에 없는 이유

<FUN!> 현직 아트 딜러가 바라보는 미술시장 이모저모

- 쉽게 접근할 수 있는 NFT 시장들

<FUN!> 셀카 NFT로 15억을 번 남자

성공 요인① 타깃의 고민, 질문을 조사해 목차로 구성
사람들이 전자책 주제에 대해 궁금해하는 내용을 위주로 목차를 구성하면 만족도는 훨씬 더 높아집니다.

예시

- 갤러리에는 차려입고 가야 하나요?
- 그림은 다 비싼 거 아닌가요?
- 그림은 어디에서 볼 수 있나요?
- 갤러리에서 가격을 물어봐도 되나요?
- 좋은 그림은 어떻게 고르나요?

성공 요인② 이득을 드러내는 문구 사용
이 전자책을 읽으면 어떤 이득을 얻을 수 있는지 명확하게 드러내고 있습니다.

예시

- 가장 쉽게 접근하는 일반 전시회 및 갤러리
  ➥ [누구나 쉽게 할 수 있음]을 어필했습니다.
- 적금처럼 월 10만 원으로 그림 사는 방법
  ➥ [숫자 활용]으로 얻을 수 있는 이득이 구체화됩니다.
- 내가 만든 NFT로 돈 버는 방법
  ➥ [돈 관련 표현]을 사용하여 사람들의 관심을 이끌어냅니다.

상세페이지(소개 글)
전자책 코칭으로 완성한 상세페이지 텍스트 구성입니다.

1. 경력 사항 제시
아트 딜러

2. 고객이 가진 문제 상기
미술 작품, 어렵게만 느껴지나요?

3. 고객과 공감대 형성

그림이 좋아 아트 딜러로 일하고 있는 아이엘입니다.

저도 분명 그림을 모르던 초보 시절이 있었어요.
그래서 그림이 어렵게만 느껴지는 분들을 위해
그림 투자에 대해 쉽게 알려드리는 전자책을 만들게 되었습니다.

4. 문제를 해결하고 얻은 변화

아트 딜러로 일하며 수많은 작품을 보면서
그림을 보는 깊이가 달라지고 그림에 대한 투자 가치도 보이게 되더라고요!

누구든 쉽게 미술 작품을 감상하는 방법,
그리고 미술 작품 투자로 수익까지 낼 수 있는 방법을
최대한 쉽게 알려드리겠습니다.

5. 다른 전자책과의 차별점

- 아트 딜러가 아트테크에 대해 알려드립니다.
- 그림 투자 실제 사례 수록
- 그림 모르는 왕초보자도 알기 쉽게 썼습니다.
- 핫한 NFT 활용법까지 넣었습니다.
- 추천 작가 및 인기 작가 리스트 추가 제공

6. 후기 인용

- 사례 위주로 설명해주셔서 쉽게 이해할 수 있었어요!
- 그림 보는 기준들을 알게 됐어요!
- 그림 투자에 새롭게 관심을 갖게 됐어요!

7. 필요한 대상

- 그림에 쉽게 접근하고 싶은 분
- 그림 보는 취미를 갖고 싶은 분
- 월급 외 소득을 얻고 싶은 분
- NFT가 궁금한 분

8. 이 전자책을 만든 이유(스토리)

그림 투자를 어렵게 생각하는 분들을 위해
쉽게 접근하는 방법을 알려주는 책을 만들었습니다.

상세페이지(이미지)

- 전자책 페이지 일부 캡처본
- 미술 투자로 얻은 수익 인증
- 현대 미술품 투자 수익률에 대한 통계 자료 이미지

가격

1만 원대

후기

주변 지인에게 전자책을 제공하고 후기를 받아 전자책 소개 글에 인용

마케팅

블로그를 개설해 마케팅을 진행했습니다. '소액으로도 그림 투자 가능한 이유', '그림을 사고팔면 세금은 어떻게 될까?', '그림 투자, 어디서 하면 될까?'와 같은 아트테크 관련 정보 글을 업로드해 블로그에 잠재 고객을 모으고, 판매 글(펀딩 홍보 글)을 올리는 순서로 마케팅을 진행했습니다.

04 퇴사 후 전자책으로 1인 기업이 된 성공 사례

4,895% 달성 　프로젝트 성공

24,476,000원 　211명 참여

ⓘ 해당 프로젝트는 소중한 서포터들의 참여와 응원으로
2022.11.21에 성공적으로 종료되었습니다.

280

48

재오픈 요청하기 16명 신청 중

저자 인터뷰

◎ **간단한 자기소개 부탁드립니다.**

안녕하세요. 저는 '쿨마미'라고 합니다. 20년 동안 패션 디자이너로 일하며 아이 둘을 키우는 워킹맘이었는데요. 회사를 그만두고 꼬마 빌딩을 매입해 그 과정을 전자책으로 쓰면서 지금은 1인 사업가로 활동하고 있습니다.

◎ **어떻게 이 주제로 전자책을 쓰게 되었나요?**

제 전자책의 주제는 '꼬마 빌딩 투자'입니다. 회사를 그만두기 위해서는 현금흐름이 필요하겠더라고요. 그래서 꼬마 빌딩 투자를 시작하게 됐습니다. 1년 동안 꼬마 빌딩에 투자하는 과정에서 많은 경험을 하게 됐어요. 제가 한 경험을 잊지 않기 위해 정리할 겸 전자책을 만들게 됐습니다.

◎ **어떤 분들에게, 어떤 도움을 주는 전자책인가요?**

제 전자책은 건물에 대해 잘 모르는 왕초보분들을 위해 만들었습니다. 저 역시 꼬마 빌딩 투자를 시작하기 전에는 아무것도 모르는 상태였어요. 빌딩 매입부터 공사, 임대까지 직접 해보며 일련의 노하우를 얻게 됐는데요. 저 같은 평범한 직장인도 해냈으니 누구든 용기 내면 할 수 있다는 걸 보여드리고 싶었습니다.

재테크 공부를 하면서 책과 강의를 많이 찾아봤는데, 대부분 전문가의 수준에서 기초 정보들은 생략하는 경우가 많더라고요. 당시 책을 읽고 강의를 들어도 막막하고 어려운 부분이 많았기에 제 책은 디테일한 부분들까지 설명해주고, 처음

하는 사람들도 쉽게 이해하고 실행할 수 있도록 허들을 낮추는 식으로 글을 썼습니다.

ⓠ 전자책 분량은 어느 정도이며, 쓰는 데 얼마나 걸렸나요?

처음 만든 전자책의 분량은 51장이었습니다. 하루 3시간씩, 3주 정도의 시간을 투자해 완성했습니다. 단순히 텍스트만 써 내려가기보다 투자하는 과정에서 얻게 된 자료와 사진들을 정리하느라 시간이 걸린 편입니다.

ⓠ 전자책을 완성할 수 있었던 비결은 무엇인가요?

글을 쓰던 당시, 조야 님께서 전자책 챌린지를 열어주셨어요. 참여자분들과 다 함께 매일 전자책 쓰기에 도전하는 챌린지였습니다. 혼자 하는 것보다, 같은 목표를 가진 사람들과 함께해서 실행할 수 있었던 것 같아요.

그리고 전자책을 시작하고 강의, 컨설팅 등 여러 기회가 따라오게 됐다는 조야 님의 말씀을 듣고 동기부여가 됐습니다. 전자책을 일단 시작해야 다음 스텝도 있지 않을까 해서 열심히 할 수 있었습니다.

ⓠ 글은 어떤 식으로 써 내려갔나요?

우선 글을 쓰기 위해서 목차를 구성해야 했는데요. 부동산 물건 찾기, 매입, 리모델링 과정 등 시간 순서대로 목차를 구성했습니다.

그리고 꼬마 빌딩 투자를 하는 과정에서 얻은 실제 자료들을 정리해서 넣었습니다. 예를 들어 실제 수익률을 계산하기 위해 만들었던 수익률 계산 시트, 감정가나 대출 조회를 위해 필요한 사이트 리스트, 부동산 어플을 사용하는 방법, 꼬마 빌딩 매입 후 6개월간 리모델링하는 과정을 담은 사진들, 그리고 6개월 공사 현장에서 실제로 발생한 여러 변수에 대해서도 정리했습니다.

ⓠ 전자책을 판매하고 느낀 점이 있나요?

전자책을 시작하고 너무 큰 변화를 얻게 돼 조야 님께 감사드립니다. 사실 전자책을 쓰는 동안에는 여기까지 오게 될 거라고 생각하지 못했습니다. 전자책을 쓰고 나서 펀딩에 도전해 2400만 원 이상 매출을 냈고, 최근 부동산 시장의 변화에 따라 바뀐 법과 트렌드를 반영하여 90장까지 업데이트도 할 수 있었고요.

덕분에 펀딩 이력을 포트폴리오 삼아 커뮤니티에서 강의도 하게 됐습니다. 이제는 강의 녹화본을 판매해 추가 부수입도 생겼고, 여러 오프라인 강의 제안도 받게 되었어요. 펀딩을 하면서 모인 인원들을 대상으로 재테크 관련 스터디, 챌린지, 코칭도 진행하고 있습니다.

사실 이 모든 것이 전자책 하나로 시작된 것 같아요. 단순히 내 경험을 정리하자는 생각으로 전자책을 만들기 시작했는데, 이 전자책 하나로 여러 기회가 열리더라고요. 특별한 사람이어서 전자책을 내는 게 아니라, 전자책을 내고 특별한 사람이 되는 것 같아요. 전자책을 내고 나서 여러 기회가 따라와 새로운 방향으로도 나아갈 수 있다는 걸 깨닫게 됐습니다.

제목

전자책의 제목은 '[시세차익 8억] 만년 직장인이 1년 만에 건물주 된 노하우'입니다. 해당 제목에는 두 가지 카피라이팅 기술이 적용되었습니다.

① 단기간에 가능함을 어필하기

단기간에 해낼 수 있다는 점을 어필하면 사람들은 관심을 갖습니다. '건물주'가 되는 데에 '1년'이라는 시간은 상대적으로 짧은 기간으로 느껴집니다. 실제로 1년을 준비해 건물주가 된 경험을 담은 전자책이기도 하고요.

② 숫자 활용하기

숫자를 사용하면 얻을 수 있는 이득이 훨씬 더 구체적으로 다가옵니다. 그냥 '시세차익'보다 '시세차익 8억'과 같이 숫자를 넣으면 훨씬 더 눈에 들어오게 되죠.

목차

목차의 성공 요인을 분석해보겠습니다.

[프롤로그]
- 만년 직장인, 1년 만에 꼬마 빌딩 건물주 되다

1. 어차피 건물주 안 된다는 당신을 위해
- 왜 아파트가 아닌 건물에 투자하는가?
- 왜 빨간 벽돌 꼬마 빌딩에 주목해야 하는가?
- 아무것도 모르지만 경제적 자유를 원할 때 제일 먼저 해야 하는 3가지

2. 성수동 꼬마 빌딩 매입 4단계 프로세스!
- 건물 매입 1단계: 건물 매입에는 얼마가 필요할까?
  핸드폰 어플로 끝내는 임장 및 시세조사
- 건물 매입 2단계: 저평가된 보물 같은 부동산 물건지 찾기
  자본금 마련을 위한 건물 적정가와 수익률 확인
- 건물 매입 3단계: 손해 보지 말자! 계약 시 꼭 확인해야 할 5가지
  절세하려면 개인 vs 법인 뭐가 유리할까?
- 건물 매입 4단계: 건물 리모델링으로 가치 올리기
  꼬마 빌딩 임대 시세는 어떻게 파악할까?

3. 사는 것이 다가 아니다! 지금 아는 것을 그때도 알았더라면
- 이것만은 확인하자! 내 인생 건물 선정 시 체크해야 할 5가지
- 10분이면 이해되는 건물 관련 세금의 모든 것
- 5천만 원 이상 아꼈다! 꼬마 빌딩 살 때 꼭 확인하자
- 게임처럼 쉽고 재미있는 가상 건물 매입 경험 쌓기!

4. 꼬마 빌딩 관리에 대한 실전 꿀팁 대공개!
- 공실 위험 없이 빠르게 건물 임차 맞추는 방법
- 건물관리 고민하지 말자! 문제는 해결하면 된다
- 초보 건물주의 실수! 임차관리 스트레스 받지 않고 하는 방법
- 하고 싶다. 할 수 있을까? 방법만 알면 다 할 수 있다

5. 꼬마 빌딩 건물주 되기 QnA
- 용도변경과 명도에 대한 7가지 질문
- 세금문제에 관한 5가지 질문
- 대출에 관한 7가지 질문
- 건물 건축에 대한 11가지 질문

성공 요인① 자신만의 'N단계' 이론을 만들어 제시

'꼬마 빌딩 매입 4단계 프로세스'라는 자신만의 이론을 만들어 제시했습니다. 자신만의 이론을 만들면 사람들은 다른 곳에서 접하지 못한 새로운 정보로 인식하게 됩니다. 'N단계', '플랜'과 같은 이론을 만들어 다른 전자책에는 없는 무기를 만들 수 있습니다.

성공 요인② 이득을 드러내는 문구 사용

이 전자책을 읽으면 어떤 이득을 얻을 수 있는지 목차에 명확하게 드러나 있습니다.

- 만년 직장인, 1년 만에 꼬마 빌딩 건물주 되다

[단기간에 가능함]을 어필했습니다.

- 10분이면 이해되는 건물 관련 세금의 모든 것

[누구나 쉽게 할 수 있음]을 어필했습니다.

- 5천만 원 이상 아꼈다! 꼬마 빌딩 살 때 꼭 확인하자

[돈 관련 표현]으로 사람들의 관심을 이끌어냅니다.

- 공실 위험 없이 빠르게 건물 임차 맞추는 방법

[시간·시행착오 줄여줌]을 어필했습니다.

상세페이지(소개 글)

전자책 코칭으로 완성한 상세페이지 텍스트 구성입니다.

1. 경력 사항 제시

- 1800명이 구독하는 부동산 블로거
- 20년 차 직장인에서 월세 받는 건물주

2. 고객이 가진 문제 상기

건물주, 이번 생에는 글렀다고?

남 얘기 같다고요?

3. 고객과 공감대 형성

'건물주는 아무나 되나?'

불과 1년 전까지 제가 가졌던 생각이었습니다.

수입 대부분을 소비하느라 20년째 채워지지 않는 통장 잔고를 보며

건물주는 남 얘기로만 생각했죠.

4. 문제를 해결하고 얻은 변화

'이대로는 안 되겠다!' 싶어 5년간 치열하게 투자 공부를 했고,

1년 만에 오래된 꼬마 빌딩 매입!

그 결과 월급 이상의 현금흐름과 시세차익을 얻었습니다.

5. 다른 전자책과의 차별점

- 20년 차 직장인에서 1년 만에 건물주 될 수 있었던 방법

- 5년간 재테크를 공부하며 얻은 노하우

- 초보자를 위한 건물 매입 4단계

- 초간단 건물 수익률 계산 시트 제공

- 실제 6개월간 리모델링 사례 제공

6. 후기 인용

- 건물주 되기 목표가 생겼어요!

- 초보자인 저도 해볼 수 있겠다는 자신감이 생겼어요!

- 나중에 건물 매입할 때 피와 살이 될 것 같아요!

7. 필요한 대상

- 부동산에 관심 있는 분들

- 부동산 공부를 해보고 싶은 분들

8. 이 전자책을 만든 이유(스토리)

20년간 직장을 다녔지만 회사는 저를 책임져주지 않더군요.
불안하고 막막했습니다.

건물에 대한 막연함으로 시작한 1년,
맨땅에 헤딩하듯이 시행착오를 겪었습니다.

그리고 마침내 꼬마 빌딩을 매입하고 월급 이상의 현금흐름과 시세차익을 얻게 됐습니다.

'건물주 과연 가능할까?'
'뭐부터 해야 할지 막막해요.'

아무것도 모르셔도 됩니다.
실제로 전자책을 접한 1800분 이상이 나도 할 수 있다고 말씀하십니다.

'초보자인 저도 얼마든지 해볼 수 있겠단 생각이 들었어요.'
'이런 것까지 말씀해주셔도 되나? 정말 모든 걸 다 알려주신 느낌이었습니다.'
실제로 실행하여 성과를 내는 많은 분을 보며 뿌듯함을 느꼈습니다.
이 전자책을 통해 건물주의 꿈을 앞당길 수 있도록 함께하겠습니다.

상세페이지(이미지)

- 매입한 꼬마 빌딩 건물 사진
- 꼬마 빌딩 리모델링 Before & After 사진

가격

6만 원대

후기

일부 사람들에게 전자책을 무료로 제공하고 얻은 후기들을 전자책 소개 글에 인용

마케팅

30대 이상 직장인들의 사용률이 높은 와디즈에서 펀딩을 진행했습니다. '와디즈 광고서비스'를 사용하여 페이스북, 인스타그램 광고를 집행해 높은 매출을 기록할 수 있었습니다.

> **TIP** 와디즈에서 펀딩 프로젝트를 개설하고 '와디즈 광고서비스'를 사용하면 와디즈에 설치된 '추적 스크립트'를 활용하여 SNS 광고를 진행할 수 있습니다. 추적 스크립트가 있으면 사이트 내에서 방문, 구매 등 고객들의 행동 데이터를 수집할 수 있게 됩니다. 그러므로 와디즈 사이트 방문자를 타깃으로 한 광고 진행이 가능해지며, 광고로 인해 발생한 매출도 확인할 수 있게 됩니다.

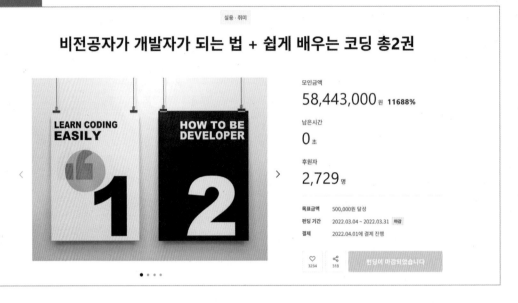

실용·취미

비전공자가 개발자가 되는 법 + 쉽게 배우는 코딩 총2권

LEARN CODING EASILY 1

HOW TO BE DEVELOPER 2

모인금액
58,443,000원 **11688%**

남은시간
0초

후원자
2,729명

목표금액　500,000원 달성
펀딩 기간　2022.03.04 ~ 2022.03.31　마감
결제　　　2022.04.01에 결제 진행

♡ 3234　　≪ 318　　펀딩이 마감되었습니다

● ● ● ●

Q 간단한 자기소개 부탁드립니다.

안녕하세요. '위캔코딩'이라고 합니다. 저는 현재 중견기업에서 웹개발자로 일하고 있습니다. 텀블벅 전자책 펀딩을 시작으로 최근에는 《세상에서 가장 쉬운 코딩책》이라는 종이책을 출판했습니다.

Q 어떻게 이 주제로 전자책을 쓰게 되었나요?

제 전자책의 주제는 '비전공자가 개발자 되는 법', '쉽게 배우는 코딩'입니다. 저는 비전공자임에도 6개월 공부 끝에 개발자가 될 수 있었습니다. 언제부터인가 '개발자 붐'이라고 할 만큼 개발자에 대한 관심이 커진 시기가 있었는데요, 당시에 실제로 주변 지인들에게 어떻게 개발자가 될 수 있었는지에 대해 질문을 많이 받기도 했습니다. 많은 사람의 관심이 몰리는 주제라고 생각해 '비전공자가 개발자 되는 법'이라는 주제를 잡게 되었습니다.

그리고 제가 코딩을 처음 공부하던 시절, 비전공자라 많이 어려웠던 기억이 있는데요. 비전공자가 개발자가 되려면 분명히 코딩을 해야 할 텐데, 이런 사람들을 위해 코딩을 쉽게 알려주는 책도 있으면 좋겠다는 생각이 들었습니다. 그래서 처음 하는 사람도 최대한 쉽게 코딩을 알아갈 수 있도록 '쉽게 배우는 코딩'이라는 주제를 추가로 잡게 되었고요.

Q 어떤 분들에게, 어떤 도움을 주는 전자책인가요?

제 전자책은 비전공자를 위한 책입니다. 과거의 저를 생각하면서 만들었어요. 시중에 나와 있는 코딩 책은 대부분 어렵습니다. 예를 들어 '파라미터', '매개변수' 같은 단어를 보고 한 번에 이해하기 어려운 순간이 많았습니다. 비전공자 입장에서는 어려울 수 있는 용어들에 대해 최대한 쉽게 설명하려 노력했어요. 실제로 따라 해볼 수 있도록 'MBTI 테스트 만들기'와 같은 실습 예제들도 구성해서 넣었고요.

또한, 비전공자가 어떻게 하면 원하는 개발자가 될 수 있는지에 대한 방법도 담았습니다. 사실 저와 함께 공부했던 동기들 중에도 중견기업 이상 개발자로 취직한 분이 많은데요. 제 사례뿐 아니라 주변 분들의 사례까지 추가하여 내용을 구성했습니다.

◎ 전자책 분량은 어느 정도이며, 쓰는 데 얼마나 걸렸나요?

제 전자책은 350장 정도가 나왔습니다. 사실 처음부터 많은 분량을 쓸 생각은 없었는데요, 쓰다 보니 욕심이 나서 분량이 점점 늘어났어요. 그림이 많이 들어가다 보니 분량이 늘어난 부분도 있습니다. 전자책을 쓰는 동안에는 정말 집중해서 썼고, 완성까지 두 달 정도 걸렸던 것 같아요.

◎ 글은 어떤 식으로 써 내려갔나요?

옆에서 코딩을 설명해주는 어투로 친근감 있게 쓰려고 했어요. 제가 PPT를 다루는 것도 좋아하다 보니, 전자책도 PPT로 제작했습니다. PPT를 활용하여 그림, 도형 등 시각 자료를 많이 넣어 이해를 돕고자 했어요.

목차는 우선 제가 알려드리고 싶은 내용들을 대분류로 뽑아냈어요. 그다음 더 세분화해서 소분류로 나누는 식으로 구성했습니다. 목차를 세세한 부분까지 소분류로 나눈 뒤에는 각 목차에 대한 내용을 바로 써 내려갔어요.

그리고 코딩에 대해 좀 더 쉽게 접근할 수 있도록 재밌게 쓰려고 노력했어요. 예를 들어 '변수'라는 개념이 있다면 사전적 설명보다는 '변수는 ~를 담는 바구니'와 같은 식으로 설명했습니다. 그리고 'MBTI 테스트 만들기', '네이버 화면 바꿔보기'와 같이 사람들의 흥미를 끌 만한 실전 예제들도 함께 구성했습니다.

◎ 펀딩에 성공할 수 있었던 핵심 비결은 무엇인가요?

펀딩이 시작되고 1시간 만에 150만 원의 후원금이 모였어요. 펀딩 당시 '개발자 붐' 등 개발자라는 직업에 대한 관심도가 높은 시기였던 것 같아요. 제 주제가 당시 주요 관심 트렌드와 맞아떨어졌던 것 같습니다.

그리고 제가 만든 상세페이지(전자책 소개 글, 이미지)가 큰 역할을 해준 것 같습니다. 주변 지인들도 제 상세페이지를 보더니 정말 사고 싶게 만든다고 하더라고요. 텀블벅 펀딩에 도전할 때는 상세페이지만 잘 만들어도 충분히 성과를 볼 수 있는 것 같아요.

코딩을 할 줄 몰랐던 과거의 저에게 이 전자책이 필요한 이유를 서술하듯 상세페이지를 구성했어요. 그리고 상세페이지는 무엇보다 첫 부분이 중요한데요. 처음에 주목을 끌어야 뒤 내용을 보게 된다고 생각해요. 그래서 앞부분에서 '코딩은 절대 어렵지 않고, 제가 증명할 수 있다'라는 문구로 시작했습니다. 그리고 실제 제 이력을 보여드렸어요. '아, 비전공자인 사람도 이렇게 될 수 있구나'라는 점이 잘 어필된 것 같습니다.

ⓠ 마케팅을 따로 진행했나요?

따로 마케팅을 진행하지는 않았습니다. 펀딩 전에 미리 알림 신청을 받는 '공개예정' 기능을 활용하기는 했습니다. 공개예정 기간은 일주일 정도로 잡았어요. 공개예정 기간을 짧게 잡았던 이유는, 그 당시가 3월이었는데 새 출발의 달이라고 생각해서 3월 안에는 빠르게 펀딩을 오픈하고 싶었거든요. 당시 기억으로는 공개예정 기간 동안 300분 정도가 알림 신청을 해주셨습니다.

그리고 펀딩 오픈 후에는 한 달 가까이 텀블벅 인기 프로젝트 TOP 8에 들어가기도 했어요. 한번은 TOP 1에 올라가기도 했고요. 인기 프로젝트에 몇 번 노출되고 나니 텀블벅에서 제 프로젝트를 '에디터픽'으로 선정해주더라고요. 텀블벅에서는 눈에 띄는 펀딩 프로젝트를 에디터픽으로 선정해서 더 많이 노출시켜줍니다. 제 프로젝트가 텀블벅 내 여러 프로젝트 중 상단에 노출돼서 더 좋은 결과를 낼 수 있었다고 생각해요.

ⓠ 전자책을 판매하고 느낀 점이 있나요?

전자책을 쓰기 전과 후가 많이 바뀌었습니다. 제 인생의 첫 번째 터닝 포인트는 개발자가 된 일이고요, 두 번째 터닝 포인트는 텀블벅에서 전자책 펀딩을 진행한 일입니다.

전자책을 시작하고 직장에만 얽매이지 않아도 된다는 자신감이 생겼어요. 제 힘으로 직접 성과를 내는 경험을 해본 게 중요하게 작용한 것 같아요. 직장을 그만두게 되더라도 여러 일들을 해볼 수 있겠다는 자신감도 들고요. 직장으로만 한정되지 않는 사람이 된 것 같아요.

그리고 제 전자책을 본 독자님이 많아졌어요. 독자님들과 함께 다른 프로젝트를 진행해볼 수도 있겠다는 기대감도 생기더라고요. 또 전자책을 계기로 출판사로부터 제안을 받아 종이책까지 쓰게 됐는데요. 정식 작가가 되면서 주변에서 저를 보는 인식도 달라진 것 같아요.

특별부록
2

수익화를 위한
알짜배기 꿀팁 **7**

꿀팁 01　전자책 판매를 위해 사업자등록이 꼭 필요할까요?

사업자 없이도 크몽, 클래스101, 탈잉, 와디즈, 텀블벅에 전자책 상품 등록 및 판매가 가능합니다. 하지만 지속적인 매출이 발생하는 경우 국세청에서는 사업자등록을 권고하고 있습니다. 일단 전자책 상품을 등록해보고, 매출이 지속적으로 발생하게 되면 그때 사업자등록을 해도 됩니다. 블로그와 같이 개인 SNS 채널에서 직접 전자책을 판매하기 위해서는 사업자등록과 함께 통신판매업 신고도 해야 합니다. 다만 직접 판매가 아닌 전자책 판매 링크를 블로그에 올려 홍보하는 것은 사업자등록과 통신판매업 신고 없이도 가능합니다.

 꿀팁 02　전문가 수준이 아닌 초보자인데 전자책을 내도 될까요?

물론입니다. 사실 많은 분이 고민하는 부분이기도 합니다. 초보자가 왕초보를 대상으로 하는 재능 거래 시장도 존재합니다. 오히려 전문가의 강의와 책에서는 기초 설명이 생략되어 왕초보자가 이해하기 어려운 경우도 있습니다. 하지만 초보자는 왕초보에게 필요한 기초적인 내용에 대해서도 쉽게 알려줄 수 있다는 강점이 있죠. 이러한 흐름을 반영하기라도 하듯 요즘은 초보자가 왕초보자를 대상으로 하는 재능 거래도 증가하고 있습니다. 이 경우 상세페이지에 '이 전자책은 왕초보자를 위한 전자책'이라고 명시합니다. 그리고 전자책을 추천하지 않는 대상으로 '이미 해당 업종에 종사하고 계신 분', '이미 해당 분야를 잘 알고 계신 분'이라고 명시하면 됩니다.

 꿀팁 03　특별한 경력이 없다면 어떻게 하나요?

대단한 경력이 없어도 됩니다. 다만 주제와 관련한 사소한 경험이라도 상세페이지에 어필하는 것이 중요합니다. 사소한 경험이라도 상세페이지 소개 글에 모두 나열하세요. 전자책 주제와 관련된 활동을 했다는 사실을 보여줄 수만 있으면 됩니다. 예를 들어 '음악 만드는 법'에 대한 전자책이라면, 제작한 음악이 차트 상위권에 올라가거나 수상 경험이 없어도 괜찮습니다. '자작곡 제작'과 같이 음악을 실제로 만들어봤거나 '음악 공부 2년 차'와 같이 공부를 했던 경험으로도 충분합니다.

전자책을 무료로 배포하고 '00명에게 인정받은 전자책'과 같이 이력에 쓸 수도 있습니다. 개인 블로그 혹은 단톡방을 통해 전자책을 무료로 배포해보세요. 핵심 내용이 들어간 일부 페이지만 공유해도 되고, 인원을 제한해 무료 배포를 진행해도 됩니다. 대신 후기 작성을 조건으로 내걸고, 받은 후기의 개수만큼 '00명에게 인정받은 전자책'이라고 써서 이력으로 사용할 수 있습니다.

꿀팁 04 이미 비슷한 전자책이 많은데 어떡하죠?

비슷한 전자책이 많더라도 팔리는 방법은 있습니다.

첫째, 전자책의 콘셉트를 설정해주세요. 동일한 카테고리에 있는 전자책이어도 어떤 경험을 했고, 어떤 내용을 알려줄 수 있는지에 따라 콘셉트를 다르게 할 수 있습니다.

> **전자책 콘셉트**
>
> _____인 사람들을 위해
> _____를 경험한 제가
> _____를 알려드릴 것입니다.

예를 들어 연애 분야 전자책이 있다면, 아래와 같이 콘셉트를 다르게 설정할 수 있습니다.

- '5년 경력 연애 상담 전문가 경험'으로 '연애 잘하는 법'을 알려드립니다.
- '주변 지인들의 연애 고민을 해결해준 경험'으로 '연인과 싸우지 않는 법'을 알려드립니다.
- '소개팅 10번 중 9번 성공했던 경험'으로 '소개팅 애프터 받는 법'을 알려드립니다.
- '헤어진 연인에게 모두 연락받았던 경험'으로 '재회하는 법'을 알려드립니다.

비슷한 전자책을 최소 3권 이상 조사하여 어떤 콘셉트를 갖고 있는지 살펴보세요. 그리고 나는 어떤 콘셉트를 도출해낼 수 있을지 고민해보세요.

> **TIP** 전자책 콘셉트 설정에 대한 자세한 내용은 72쪽을 참고해주세요.

둘째, 내 전자책만의 특별한 무기를 만드세요. 사람들은 저자가 직접 만든 이론 또는 플랜을 보면 다른 곳에서는 접하지 못한 새로운 정보로 인식하게 됩니다. 빌 비숍의 '핑크펭귄 이론'이 있습니다. 똑같아 보이는 펭귄 무리 속에서 돋보이는 핑크펭귄이 되라, 즉 차별화하라는 이론입니다. 자신만의 이론이나 플랜을 만들면 다른 전자책에는 없는 특별한 무기가 될 수 있습니다.

'글쓰기 7단계 법칙', '이성을 사로잡는 5가지 방법' 등 'N단계', 'N가지' 법칙을 만들어 제시하는 방법도 있습니다. 또는 '글쓰기 2주 플랜', '블로그로 수익 내기 한 달 플랜' 등 원하는 성과를 얻기 위한 플랜을 직접 만들어 제시할 수도 있습니다.

꿀팁 05 전자책 파일은 어떻게 전달하나요?

보통 판매처에 전자책 상품을 등록할 때 전자책 파일을 첨부하게 됩니다. 전자책 파일 등록 후에는 구매자가 직접 파일을 다운로드받아 사용합니다. 혹은 구매자의 이메일 주소로 전자책 파일을 직접 발송할 수도 있습니다.

'구글 드라이브'로 전자책을 전달하는 방법도 있습니다. 구글 드라이브에 전자책 파일을 올려두고, 드라이브 링크를 고객에게 전달합니다. 이 경우 추후 전자책을 수정하거나 업데이트했을 때 고객에게 파일을 다시 발송할 필요가 없다는 장점이 있습니다. 변경 사항이 구글 드라이브에 자동으로 반영되기 때문입니다.

무작정 따라하기 ▶ 구글 드라이브로 전자책 파일 전달하기

01 구글에 접속해 로그인 후, 우측 상단의 ⊞ 버튼을 클릭하여 [드라이브]를 선택하세요.

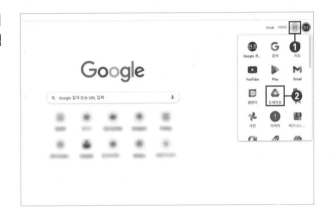

02 드라이브에 접속한 후 화면 좌측 상단의 [+새로 만들기]를 클릭하세요.

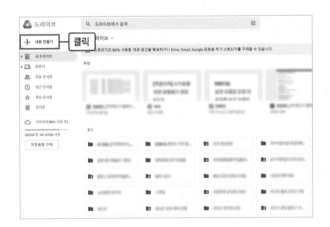

03 [새 폴더]를 클릭하여 폴더를 만듭니다.

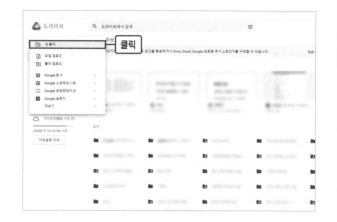

04 새로 만든 폴더에 전자책 파일을 드래그
하여 업로드해주세요.

05 폴더명에 마우스를 대고 우클릭하여 [링
크 생성]을 선택합니다.

06 '일반 액세스' 항목에서 [링크가 있는 모든 사용자]를 선택하세요.

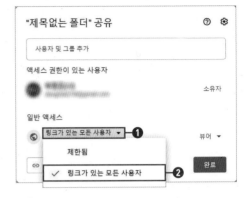

07 [링크 복사]를 클릭하면 고객에게 전자책 파일 링크를 전달하여 뷰어 형태로 공유할 수 있습니다.

📖 **잠깐만요** **전자책 다운로드 안내하기**

구글 드라이브를 활용할 경우, 전자책 구매자분들께 다음과 같은 안내문을 전달할 수 있습니다. 전자책 발송 시 메일로 안내하거나, 혹은 판매처에 전자책 파일 등록 시 해당 안내문을 PDF 파일 형태로 등록하면 됩니다.

전자책 다운로드 안내

안녕하세요 구매자님,
전자책을 구매해주셔서 감사합니다.
전자책은 아래 링크에서 다운받으실 수 있습니다.

<다운로드>
(구글 드라이브 공유 링크)

*모바일 다운로드 팁: 위 링크를 복사한 후 모바일 브라우저(네이버앱, 사파리 등)에 직접 붙여넣기 해주세요.

감사합니다.

꿀팁 06 전자책 업데이트는 어떻게 진행하나요?

전자책은 언제든 자유롭게 수정할 수 있습니다. 그렇기에 판매처에 전자책 상품을 등록한 후에도 자유롭게 업데이트할 수 있습니다.

전자책 내용을 업데이트하면 고객 만족도는 당연히 올라갑니다. 고객 입장에서는 관리를 받는다는 느낌이 들기 때문이죠. 그리고 전자책을 업데이트하면 고객 CS가 줄어들기도 합니다. 전자책에 내용이 추가될수록 전자책만으로 대부분의 궁금증이 해소되기 때문입니다.

전자책 판매를 시작하고 나면, 고객으로부터 CS 문의를 받는 경우가 많습니다. 고객 입장에서 이해하기 어려운 내용, 혹은 더 궁금한 부분에 대해 질문이 들어오며 대체로 비슷한 질문이 많습니다. 사람들이 많이 하는 질문을 QnA 형태로 전자책에 추가해보세요. CS 문의가 점차 줄어들 것입니다.

저 역시 첫 전자책을 판매했을 때 CS 문의가 들어왔습니다. 하지만 QnA 형태로 전자책을 업데이트한 후 CS 문의는 수개월에 한 번 정도로 줄었습니다.

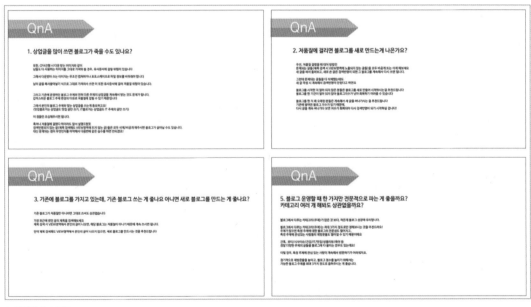

▲ 전자책 QnA 파트

전자책이 팔리지 않는다면 두 가지를 점검해보세요.

첫째, 상품을 클릭했을 때 나오는 화면이 매력적인가요? 전자책 판매 플랫폼에서 상품을 클릭했을 때 나오는 화면은 다음과 같습니다.

▲ 크몽 파워포인트 전자책 소개 페이지

화면에 뜬 내용을 보고 구매하고 싶어질 만큼 각 요소들이 충분히 매력적이어야 합니다. 전자책이 팔리지 않는다면 아래 요소들을 체크해보세요.

- 대표 이미지에 핵심 문구가 드러나 있나요?
- 제목, 목차에 이득을 드러내는 카피라이팅을 적용했나요?
- 상세페이지(소개 글, 이미지)에서 전자책의 장점을 충분히 어필했나요?
- 가격이 합리적인가요?
- 후기가 최소 3건 이상 있나요?

둘째, 고객들이 충분히 유입되고 있는지 확인해야 합니다.

상품을 클릭해서 들어오는 고객이 없다면 구매가 발생하지 않습니다. 이런 경우에는 충분한 고객이 유입되도록 마케팅을 시도해보길 바랍니다. 가장 쉬운 마케팅 방법으로 크몽의 '루키 광고'와 같이 플랫폼 내 광고 기능을 활용할 수 있습니다. 광고비를 지불하면 일정 기간 동안 상단에 상품이 노출됩니다.

블로그를 활용할 수도 있습니다. 블로그는 돈이 들지 않습니다. 전자책 주제와 관련된 글을 딱 10건만 올려보세요. 처음에는 전자책 주제와 관련된 정보 글을 쓰고, 마지막에 전자책 판매 링크를 포함한 판매 글을 올리면 됩니다. 새로운 고객들이 유입되어 들어올 수 있습니다.

SNS 광고를 진행하는 방법도 있습니다. 하루 예산을 설정해 인스타그램, 페이스북 화면에 광고를 노출시키는 방법입니다. 실제로 저는 하루 3000원 정도의 광고비를 투자해 월 300만 원 이상의 전자책 매출을 냈습니다.

전자책 판매가 이루어지지 않는다면 위 두 가지를 꼭 체크해보세요. 상품을 클릭했을 때 나오는 화면이 매력적이고, 충분한 고객이 유입되어 들어온다면 전자책은 무조건 팔릴 수밖에 없습니다.

📖 **잠깐만요** 비슷한 주제의 경쟁자가 많을 때

판매처에 이미 경쟁자가 많을 경우 와디즈, 텀블벅과 같은 펀딩 플랫폼을 활용해보세요. 크몽, 탈잉, 클래스101과 같은 재능마켓에 한번 등록된 전자책 상품은 계속해서 판매됩니다. 하지만 펀딩은 특정 기간에만 진행되며, 펀딩 기간이 끝나면 프로젝트는 내려가게 됩니다. 이미 비슷한 주제의 전자책이 펀딩 중이라면 그 기간을 피해 프로젝트를 올리면 됩니다.

이렇듯 펀딩 플랫폼을 활용할 경우, 경쟁을 피할 수 있다는 장점이 있습니다.

찾아보기